W0108843

Rhein

Christus-kirche

Kurfürstliches Schloß
Röm.-German-Zentralmuseum

Peter-Almeier-Alke

Kaiser-Friedrich-Straße

Hintere Bleiche

Mittlere Bleiche

Große Bleiche

Ernst Ludwig-Platz

Landtag
Deutschhaus-platz
Staats-kanzlei
Zeughaus

Petersstraße

Eltzer Hof
Landes-museum
Dr.-G.-Storch-Platz

gasse

Naturhistorisches Museum

Flachsmarktstraße

Klarastraße

Brücken-platz

Volkshoch-schule
Karmeliter-platz

Flachs-markt

Schusterstraße

Hintere Christofsgasse

12

Rheinstraße

Rheingold-halle

Jockel-Fuchs-Platz

Stadthausstraße

Quintinsstraße

Ph.-von Zabern-Platz

strastraße

Altstadt

Emmerans

Triton-platz

Gymnasium
str.

2

20

21

Markt

Gutenberg-Museum

Rathaus

22

Am Rathaus

Fischtor-platz

Große Langgasse

1

Theater

Schöfferstraße

Gutenberg-platz

Liebfrauen-platz

27

Ludwigsstraße

Schiller-platz

Weißliliengasse

St. Johannis-kirche

Bischofsplatz

5 **16**

Leich-hof

Dom

Diözesan-museum

34

Domstraße

19

Erbacher Hof

Domstraße

25

Osteiner Hof

Ballplatz

13

Älterer Dalberger Hof

Polizei

15

Grebenstraße

Himmelgasse

Kloster

Schlossergasse

Holzturm

26

Fachhochschule Mainz

Gaustraße

Willigis-platz

St. Stephan

Weihergarten

29

Kirsch-garten

37

8

Augustiner-kirche

Augustinerstraße

Schönbornstr.

Hopfen-garten

Holzstraße

Post

Rheinstraße

Lauterenstraße

Uferstraße

Schlossergasse

Gautor

Eisgrubweg

Windmühlenstraße

0 100 200 m

© KARTOGRAPHIE Peh & Schefcik

Weißliliengasse

Holzhofstraße

Neutorstraße

Bahnhof Mainz
Römisches Theater

Museum für Antike Schifffahrt

Oberstadt

Zitadelle

Stadthistorisches Museum

Salvatorstraße

Bernd Funke

Große Namen in Mainz

Wer wo lebte

SOCIETÄTS
VERLAG

Alle Rechte vorbehalten • Societäts-Verlag
© 2011 Frankfurter Societäts-Medien GmbH
Satz: Nicole Proba, Societäts-Verlag
Übersichtskarte: Kartographie Peh & Schefcik
Umschlaggestaltung: Nicole Proba, Societäts-Verlag
Druck und Verarbeitung: freiburger graphische betriebe
Printed in Germany 2011

ISBN 978-3-7973-1257-0

Inhaltsverzeichnis

Vorwort

Die mehr als 2000-jährige Geschichte der Stadt Mainz ist überaus reich an großen Namen, die weit über die Stadtgrenzen hinaus, ja, weltweit einen hervorragenden Klang haben. Mainz, das „goldene" des Mittelalters, der Sitz von Erzkanzlern des Reiches, die blühende und prägende Stadt des askenasischen Judentums, das dem einst römischen „Mogontiacum" den Namen „Magenza" gab – all dies ist Geschichte. Gelehrte und Erfinder, Dichter, Revolutionäre und Unternehmer gingen auf den Straßen der Stadt, lebten in ihr und liebten sie. Hier stand die Wiege der Buchdruckkunst mit beweglichen Lettern, hier wurde die literarisch-politische Fastnacht geboren – und hier, am Zusammenfluss von Main und Rhein, litt die Bürgerschaft immer wieder unter der Geißel des Krieges. Der letzte radierte das „Bilderbuch-Mainz" nahezu aus. Kaum mehr ein Haus wurde in den Bombennächten ausgespart. Und so wird die Spurensuche erschwert, ja, oftmals unmöglich, sucht man am Originalschauplatz den Genius loci.

Im vorliegenden Büchlein sind sie exemplarisch erwähnt und beschrieben, die Persönlichkeiten aus Politik und Kirche, Wirtschaft, Wissenschaft und Forschung, aus Kunst und Fastnacht. Und mit einem Augenzwinkern, wie es sich für die Aufzählung Mainzer Persönlichkeiten geziemt, ist selbstverständlich auch der Frage nachgegangen worden, wie es sich mit jenem legendären Gouverneur Ricembeau verhält, dem das Spottlied „Ritzamboo, Ritzamboo, morje fängt die Fastnacht oo…" gewidmet sein soll.

Die vorgelegte Persönlichkeitspalette schillert in den bunten Farben, die eine Stadt mit großer Geschichte ausmachen. Sie reicht von „A" wie Lorenz Adlon, dem weltweit bekannten Hotelier, bis „Z" wie Eduard Zimmermann, dem als „Ganoven-Ede" bekannten Vater der Fernsehfahndung. In der Rubrik Fastnacht ist die Rede vom Gründer der organisierten

Fastnacht in Mainz, Johann „Maria" Kertell, und vom langjährigen Sitzungspräsidenten der TV-Sendung „Mainz bleibt Mainz wie es singt und lacht", Rolf Braun. Vom singenden Dachdeckermeister Ernst Neger, dessen „Heile Gänsje" die Nation zu Tränen rührte, und von auch im „Dritten Reich" mutigen Büttenrednern wie Seppel Glückert und Martin Mundo.

Der legendäre Oberbürgermeister Jockel Fuchs darf ebenso wenig fehlen wie Erwein von Schönborn, der Begründer des Reichtums der späteren Kurfürsten und Erzbischöfe. Präfekt Jeanbon de St. André, der sich in napoleonischer Zeit selbstlos den Kranken widmete, der aber auch den Dom abreißen wollte, findet sich ebenso wieder wie der Politiker Ludwig Bamberger – und ein gewisser Johann Bückler, der als „Schinderhannes" nicht gerade freiwillig in Mainz lebte: Es waren seine letzten Lebensmonate, die er im Mainzer Kerker verbrachte, bevor sein Haupt unter dem Fallbeil im heutigen Stadtpark fiel…

Der Name Schott taucht gleich zwei Mal auf: Der eine, Erich Schott, brachte das weltweit erfolgreich operierende Glaswerk nach Mainz, das seinen Namen trägt – der andere, Franz Schott, war nicht weniger erfolgreich und verknüpfte seinen Namen mit der Musik. Von Christian Adalbert Kupferberg ist die Rede, dessen Sekt zu einem Mainzer Markenzeichen wurde, aber auch von Männern wie dem Weltumsegler und Wissenschaftler Georg Forster und dessen Freund Samuel Thomas Sömmering, der in Mainz den „gelben Fleck" in der Netzhaut des menschlichen Auges entdeckte. Die Erfinder Paul Haenlein (Luftschiff) und Jacob Goedecker, der Flugpionier, finden sich in bester Gesellschaft zu dem Mann, der heute als „größter Sohn der Stadt" bezeichnet wird, Johannes Gensfleisch zur Laden, genannt Gutenberg, und zu Wilhelm Lindenschmit, der das heute weltweit Anerkennung genießende Römisch-Germanische Zentralmuseum (RGZM) gründete.

Ob Maler Philipp Veit, der die „Germania" schuf, oder die Romanautorin Sophie de la Roche, der Heimatdichter Friedrich Lennig oder die revolutionäre Frauenrechtlerin Kathinka Zitz-Halein – sie alle lebten und wirkten in Mainz. Einige derer, die hier wohnten, sollten später zu Weltruhm gelangen. Ludwig Berger etwa, der Regisseur, der als Vater des Fernsehspiels gilt, Curt Goetz, der als Schauspieler und Komödienschreiber in Hollywood Karriere machte, Emil Preetorius, der Grafiker, Illustrator und bedeutende Bühnenbildner, aber auch die Autorin Anna Seghers. Nicht zu vergessen Carl Zuckmayer, der einen Teil seiner Jugend in Mainz verbrachte, oder der große Hanns Dieter Hüsch, der das deutsche Kabarett bis heute beeinflusst. Mit aufgenommen in die Reihe derer, die in Mainz lebten, wurde selbstverständlich auch Dichterfürst Johann Wolfgang von Goethe. Wenngleich er nur wenige Monate Quartier in Mainz bezog, so entstanden hier doch seine Notizen zum späteren Werk „Die Belagerung von Mainz 1793" und zum „Reinicke Fuchs".

Die örtliche Spurensuche in einer Stadt, deren Kern von den Bomben des Zweiten Weltkriegs zu mehr als 80 Prozent dem Erdboden gleich gemacht wurde, erwies sich teilweise als schwierig, teilweise als nahezu unmöglich. Längst hat eine Nachkriegsbebauung in vielen Fällen jene Spuren verwischt, die auf die Träger großer Namen verweisen könnten. Und nicht in allen Fällen hat die Stadt ihrer großen Töchter und Söhne dergestalt gedacht, dass Gedenktafeln an den Orten, an denen sie lebten und wirkten, an sie erinnern.

Die Auswahl derer, die Platz finden in diesem als Blitzlicht auf große Namen in einer geschichtsreichen Stadt zu verstehenden Büchlein muss ob der Fülle jener hier einst lebenden großen Persönlichkeiten willkürlich und damit unvollständig bleiben. Sie kann und sollte aber auch verstanden sein als Ermunterung, selbst einmal auf Spurensuche zu gehen und die Stadt mit ihren großen Namen, mit den Frauen und Männern, die von hier aus teilweise Weltgeschichte schrieben, zu erkunden, kennen- und lieben zu lernen.

29.5.1849, Mainz – 7.4.1921, Berlin

Dass sein Name einmal für prächtigste Hotellerie stehen würde, war dem kleinen Laurenz, der am 29. Mai 1849 als sechstes von neun Kindern des Schuhmachers Jacob Adlon und seiner Frau Anna Maria Elisabeth in der Steingasse in Mainz das Licht der Welt erblickte, sicherlich nicht in die Wiege gelegt. „Lorenz" würde er sich später nennen und wohl der bekannteste deutsche Gastronom werden.

Doch bevor dieser Berufsweg eingeschlagen wurde, ging Laurenz brav in die Tischlerlehrer bei Anton Bembé. Und daheim erzählte die Mutter, Oberhebamme an der Mainzer Hebammenlehranstalt, wie es „in besseren Kreisen" zuging – denn hier half sie dem Nachwuchs des Adels und des Geldadels auf die Welt. Kein Wunder, dass sich der kleine Laurenz gerne im Hotel „Holländischer Hof" aufhielt, um zu sehen, wie sich die vornehmen Gäste benehmen.

Wie geschäftstüchtig er war, zeigte Adlon schon als Jugendlicher. In einem Turnverein sorgte er bei Vereinsausflügen für Speisen und Getränke – und machte seine ersten Gewinne in der Gastonomie. Mit einem Schulfreund, der Koch war, betrieb er in seinem Wohnhaus (Gymnasiumstraße 5, heute steht hier der schmucklose Nachkriegsbau einer Versicherung) eine Kneipe. Verheiratet war **Lorenz Adlon** mit Susanne („Susi") Wannsiedel. Bei ihr sind sich die Chronisten uneins: Mal wird sie als Tochter eines Hotelbesitzers beschrieben, mal als die eines Schuhmachers.

Im deutsch-französischen Krieg soll Adlon weitere gastronomische Kenntnisse gewonnen haben. Und 1876, als Mainz das rheinische Schützenfest ausrichtete, sammelte Adlon bereits Erfahrungen in der Massen-Restauration. 1877 eröffnete Adlon (inzwischen war er Vater von fünf Kindern, von denen zwei verstarben) am Rhein auf der

Bastion des ehemaligen Festungssystems den „Raimundi-
garten". Den Umbau des Lokals übertrug er seinem ehemaligen Lehrherrn Bembé. Auch bei weiteren Großveran-
staltungen kam Gastronom Adlon zum Zuge. 1878 starb
seine Frau im Alter von nur 28 Jahren. Doch die Kinder
waren zu versorgen: Anna Katharina (7), Ludwig Anton
(5) und Catharina Elisabeth (4). Adlon heiratete die
gebürtige Stuttgarterin Fanny Mathilde Sophia Claus
schon 1879. Auch sie starb 1883, gerade einmal 42-jährig,
früh.

Ein schmuck-
loser Nach-
kriegsbau
steht heute
an der Stelle,
an der sich
das Wohn-
haus von
Lorenz
Adlon
befand

Die Reichen und Adligen allerdings, die Adlon zu seinen Gästen zählen wollte, verkehrten in Berlin – und so zog Adlon Anfang der 1880er Jahre mit seiner Familie in die Hauptstadt um. Bei einem seiner „Auslandseinsätze" hatte er den Mainzer Benjamin Bilse kennengelernt. Bilse war Dirigent eines berühmten Orchesters, aus dem die Berliner Philharmoniker hervorgehen sollten. Er führte Adlon, der sich nur „Lorenz" nannte, in die Berliner Gesellschaft ein.

Nach und nach kaufte Adlon mehrere Lokale. So das Restaurant Hiller (Unter den Linden) und das Hotel Continental, später auch die Zoo-Terrassen – und er betrieb eine Weinhandlung. In der Straße Unter den Linden kaufte der inzwischen überaus wohlhabende Lorenz Adlon zwei Grundstücke, ließ das von Schinkel entworfene Palais Redern abreißen – und innerhalb von zwei Jahren das Nobelhotel Adlon bauen. Und dabei dachte der „Määnzer Bub" auch an seine Vaterstadt. So lieferte sein ehemaliger Lehrmeister Bembé etwa das Mobiliar und die Firma B. Ganz und Cie. Läufer für Teppiche und Korridore. Am 26. Oktober 1907 wurde das Adlon offiziell eröffnet. Und Kaiser Wilhelm II., der das Hotel luxuriöser fand als seine Residenz, gehörte fortan zu Adlons Stammkunden…

1918 wurde Lorenz Adlon auf der eigentlich dem Kaiser vorbehaltenen mittleren Durchfahrt des Brandenburger Tors angefahren. An derselben Stelle ereilte ihn drei Jahre später dasselbe Schicksal. Am 7. April 1921 verstarb Adlon an den Folgen dieses Unfalls. Beigesetzt wurde er auf dem Berliner Alten Domfriedhof der St. Hedwigs-Gemeinde. Sein Sohn „Louis", der in Mainz als „Ludwig Anton" geboren wurde, führte das Hotel weiter, das nach seiner Zerstörung im Zweiten Weltkrieg im August 1997 als Hotel Adlon Kempinski wieder eröffnet wurde.

Lorenz Adlon als junger Hotelier. Sein Hotel in Berlin Unter den Linden erlangte Weltruhm.

**22.7.1823,
Mainz –
14.3.1899,
Berlin**

Das Haus Schusterstraße C 111 (heute Hausnummer 19) war das Elternhaus von **Ludwig Bamberger**. Der Sohn eines jüdischen Privatbankiers wurde am 22. Juli 1823 geboren. Er starb am 14. März 1899 in Berlin. 1848, als neue freiheitliche Ideen geboren wurden, stieg der promovierte Jurist aus seinem Vorbereitungsdienst aus und schrieb voller Begeisterung für die „Mainzer Zeitung", deren Mitherausgeber und Chefredakteur er später wurde. In der Vorläuferin der heutigen „Allgemeinen Zeitung" schrieb Bamberger zunächst begeistert über Vorparlament und Nationalversammlung in der Frankfurter Paulskirche. Bald aber schon war Bamberger enttäuscht von der gemäßigten Haltung der Abgeordneten. Bamberger nutzte seinen Beruf und nahm Einfluss auf die Politik in Mainz – die Republikaner wurden Mehrheitspartei im örtlichen Bürgerkomitee. Im demokratischen Verein der Stadt war Bamberger zeitweilig Vorsitzender. Damit schuf er sich Gegner und verlor seinen Posten als Chefredakteur. Als führender Mainzer Demokrat nahm Bamberger an den

Ein Fischgeschäft steht an der Stelle des im Krieg zerstörten Hauses Schusterstraße C 111 (heute 19).

gesamtdeutschen Demokratenkongressen teil und wurde im Oktober 1848 (wenn auch nur für wenige Tage) 25-jährig sogar zum Präsidenten der Versammlung gewählt. Ab Januar 1849 war Bamberger wieder Mitherausgeber der „Mainzer Zeitung". Die Revolution geriet in die Defensive – und Ludwig Bamberger wetterte in der „Mainzer Zeitung" gegen die Nationalversammlung. Als Mitglied eines rheinhessischen Hilfscorps nahm Bamberger 1849 am Pfälzischen Aufstand teil. Als die preußische Armee vorrückte, floh der „Linksliberale" Ludwig Bamberger, der zum „Führungskreis der

Revolutionäre" von 1848 gezählt
wurde, in die Schweiz. In Abwesenheit wurde Bamberger zunächst zu einer Zuchthausstrafe,
1852 zum Tode verurteilt.
Seine 17 Jahre während Abwesenheit von der Heimat (erst
dann durfte er durch eine Amnes-
tie zurückkehren) nutzte Bamberger, um in London und Paris
eine Banklehre zu machen. In
Rotterdam (hier heiratete er
Anna Belmont aus Alzey) und

Paris arbeitete er als Bankier. Eine Zeit, die ihn zum „Wirt-
schaftsliberalen" machte, der in einer liberalen Wirt-
schaftsordnung die einzige Chance für einen politischen
Fortschritt in Deutschland sah. 1868, als Abgeordneter des
so genannten Zollparlaments in Berlin, stand er, der Natio-
nalliberale, auf Seiten Bismarcks, der sich für eine deutsche
Einigung stark machte. 1870 gehörte Bamberger zu den
Gründern der Deutschen Bank. Nach der Gründung des
Deutschen Reichs im Jahre 1871 wurde Bamberger als
nationalliberaler Abgeordneter des Wahlkreises Bingen-
Alzey in den Reichstag gewählt. Als finanzpolitischer Berater Bismarcks hatte Ludwig Bamberger entscheidenden
Einfluss auf die Schaffung von „Mark" und „Pfennig", der
ersten einheitlichen deutschen Währung, und die Gründung der Reichsbank als Zentralbank. Dann, 1880, aller-
dings kam es zum großen Streit mit Reichskanzler Bismarck wegen dessen Schutzzoll-Politik. Bamberger als
Verfechter des Freihandels hatte in Bismarck einen erbit-
terten Feind. Noch bis 1893 gehörte Bamberger dem
Deutschen Reichstag an.
In seinem Testament hatte Bamberger verfügt, dass er ohne
religiöse Zeremonie bestattet werden wolle. Seit 1899 ruht
er auf dem Jüdischen Friedhof an der Schönhauser Allee in
Berlin. Eine Straße in der Mainzer Oberstadt trägt seinen
Namen.

**6.1.1892,
Mainz –
18.5.1969,
Schlangen-
bad**

Er gehörte zu den Pionieren des Fernsehspiels, war Regisseur und Schriftsteller. Im Hause Bonifaziusstraße 3 wuchs
Ludwig Gottfried Heinrich Berger, der eigentlich Bamberger hieß, als Sohn des Bankiers Franz Bamberger und
seiner Frau Anna Klara, geborene Lewino, auf. Im musika-
lischen Elternhaus erhielt der am 6. Januar 1892 geborene
Ludwig Berger Cello-Unterricht. 1910 legte er sein
Abitur ab, studierte dann in München und Heidelberg
Kunstgeschichte und Germanistik. Als der Erste Weltkrieg
ausbrach, gehörte Ludwig Berger zu den Freiwilligen, die
zu den Waffen griffen, und freundete sich als Soldat mit
Carl Zuckmayer (s. Eintrag) an, dessen Elternhaus nur
einen Steinwurf entfernt von Bergers Elternhaus stand.
Eine Knochenhautentzündung bedingte jedoch Bergers
vorzeitige Entlassung vom Militär. Zunächst arbeitete Berger am Kunstgewerbemuseum Stuttgart. 1916 gab er am
Stadttheater Mainz sein Regie-Debüt. Gemeinsam mit seinem vier Jahre älteren Bruder Rudolf, der im Januar 1945
im KZ Auschwitz starb, richtete Ludwig Berger die
Mozart-Oper „Gärtnerin aus Liebe" ein. Die Zusammenarbeit mit Bruder Rudolf, der Szenenbild und Kostüme
entwarf, setzte sich auch fort, als Ludwig Berger sich ab
1917 beispielsweise in Berlin, Darmstadt und Hamburg
mit Shakespeare-Inszenierungen einen Namen machte.
Aber auch, als Ludwig Berger, der auch Märchen, Gedichte und Dramen veröffentlichte, 1920 mit „Der Richter von

Zalamea" nach Calderon ins Film-
geschäft einstieg. Dank einer Film-
produktion in Hollywood setzte sich
Bergers Erfolg fort. 1930 drehte er
bei Paramount seinen ersten Tonfilm
„The Vagabond King". Sein belieb-
tester Film sollte das Musical „Wal-
zerkrieg" (1933) werden.
Über Frankreich emigrierte Berger
aufgrund seiner jüdischen Abstam-
mung 1935 in die Niederlande. Im
Exil drehte er dort „Pygmalion",

Wo das Elternhaus Bergers stand, befindet sich heute ein Supermarkt.

zog 1938 mit seiner blinden, verwitweten Mutter nach Amsterdam. Sein Film „Ergens in Nederland" lief an – und kurz darauf überfielen deutsche Truppen die Niederlande. Mit falschen Papieren überlebte Berger die deutsche Besetzung. Erst 1947 kehrte er nach ausgiebigen Reisen nach Deutschland zurück. Der französische Ballett-Film „Ballerina" (1950), zu dem Berger das Drehbuch schrieb, sollte seine letzte Arbeit für das Kino werden. Berger widmete sich der Bühne und dem Rundfunk und zählte 1954 zu den Pionieren des deutschen Fernsehspiels. Besonders beeindruckten die 1957/58 live im Studio des Senders Freies Berlin produzierten sechs Shakespeare-Komödien. Von 1956 bis 1968 leitete er die Abteilung Darstellende Kunst der Berliner Akademie der Künste. Der Autor zahlreicher Prosawerke und Dramen wurde unter anderem mit der Gutenberg-Plakette der Stadt Mainz (1957), dem Filmband in Gold (1964) und dem Großen Bundesverdienstkeuz mit Stern (1966) ausgezeichnet. 1953 veröffentlichte Ludwig Berger seine Autobiografie „Wir sind vom gleichen Stoff aus dem die Träume sind – Summe eines Lebens".

In Schlangenbad, im Haus seines von den Nazis ermordeten Bruders, verlebte Ludwig Berger seine letzten Lebensjahre. Und in Schlangenbad starb er am 18. Mai 1969 im Alter von 77 Jahren. Beigesetzt wurde er in seiner Vaterstadt Mainz.

Lektüre-Tipp:
Ludwig Berger in H. Holba, G. Knorr, P. Spiegel: Reclams deutsches Filmlexikon, 1984

**6.4.1929, Mainz –
7.7.2006, Mainz**

Wenn der damalige rheinland-pfälzische Ministerpräsident Helmut Kohl im Stimmungstief war, schickte er nach **Rolf Braun** – denn der galt als Witzeerzähler von hohen Gnaden. 1973 hatte Kohl den Sitzungspräsidenten von „Mainz, wie es singt und lacht" als Redenschreiber in die Mainzer Staatskanzlei berufen. Bis 1993 war der

gelernte Großhandelskaufmann Braun, der eigentlich hatte Sportreporter werden wollen, dort als Referent in der Staatskanzlei tätig. Mit Kohl-Nachfolger Bernhard Vogel, dessen Reisen er vorbereitete und begleitete, verband ihn ebenso eine Freundschaft wie mit dem Mainzer Oberbürgermeister Jockel Fuchs. Närrische Embleme auf dem großen schmiedeeisernen Eingangstor zu seinem Anwesen in der Carl-Diem-Straße 2a in Mainz-Laubenheim, wo er mit Ehefrau Leni und Sohn Harry lebte, dokumentierten seine Verbundenheit mit der Mainzer „fünften Jahreszeit", der Fastnacht, in der er mehr als 250 Mal als Sitzungspräsident fungiert hat.

Geboren wurde Rolf Braun als Sohn eines Oberlokführers am 6. April 1929 in Mainz-Kastel. 1947 war er dort Mitbegründer des Atlanta-Clubs, des Vorgängers des Karneval Club Kastel, dessen Sitzungspräsident er fast 44 Jahre lang war. 1965 wurde Rolf Braun, der zehn Jahre zuvor erstmals bei „Mainz, wie es singt und lacht" aufgetreten war, auch Sitzungspräsident der Fernsehfastnacht. Seine riesige schwarze Hornbrille (heute im Mainzer Fastnachtsmuseum zu bestaunen) war ebenso sein Markenzeichen wie der sich Jahr für Jahr wiederholende Gruß nach Oberstaufen, wo Braun alljährlich eine „Abspeckkur" machte.

Unzählige Büttenreden, bei denen er beispielsweise als Müllmann, Reporter oder Kurgast auftrat, stammen aus seiner Feder. Aber bevor Ehefrau Leni nicht ihre Zustimmung gegeben hatte, wurde keine Rede gehalten. 1971 strahlte das ZDF sechs Folgen der Fernsehserie „Der Vereinsmeier" aus, deren Autor und Hauptdarsteller Rolf Braun war. 1989 nahm Braun Abschied als Sitzungspräsident der Fernsehfastnacht. Von einem Schlaganfall sollte sich Rolf Braun nie mehr so ganz erholen. Aber er schrieb, zurückgezogen in seinem Laubenheimer Heim, das Buch „Wolle mer'n eroilosse?" über 60 Jahre Mainzer Fastnacht. Als Ehrengast sah man Rolf Braun 2005, als die Fernsehfastnacht ihren 50. Geburtstag feierte. Für seine Verdienste um die Brauchtumspflege wurde Rolf Braun mit der Gutenberg-Büste und dem Ehrenring der Stadt Mainz, dem Verdienstorden des Landes Rheinland-Pfalz und dem Bundesverdienstkreuz am Bande ausgezeichnet.

Rolf Braun starb am 7. Juli 2006 im Alter von 77 Jahren. Er wurde auf dem Friedhof in Mainz-Kastel beigesetzt.

Lektüre-Tipp:
Rolf Braun: Wolle mer'n eroilosse? 60 Jahre Mainzer Fassenacht. Hase & Koehler (1996)

Im Stadtteil Laubenheim steht das Haus von Rolf Braun in der Carl-Diem-Straße.

Joseph Ludwig Colmar

22.6.1760, Straßburg – 15.12.1818, Mainz

Er war der erste Bischof von Mainz, nachdem das Erzbistum aufgehört hatte zu existieren: der gebürtige Straßburger **Joseph Ludwig Colmar** (geboren am 22. Juni 1760). Zur selben Zeit war Carl Theodor von Dalberg noch Mainzer Erzbischof. Allerdings lediglich in den rechtsrheinischen Gebieten – links des Rheins hatte Napoleon das Sagen. Er hatte im Konkordat von 1801 den Kampf mit der katholischen Kirche in seinem Sinne geregelt und ernannte 1802

den Philosophen und Theologen Colmar zum Bischof von „Mayence". Am 24. August dieses Jahres wurde er in Paris zum „Bischof von Napoleons Gnaden" geweiht. Am 20. Dezember 1783 hatte Colmar in Straßburg die Priesterweihe empfangen.

Dem neuen Bischof, dem ersten, der nicht sein Kirchenamt mit adliger Herrschaft verband, oblag es, die Reste des alten Erzbistums Mainz neu zu organisieren. Und er stellte die seelsorgerischen Aspekte, die lange Jahre vernachlässigt worden waren, wieder in den Vordergrund. Schon 1803 gründete Colmar das Mainzer Priesterseminar.

Vom Bischofspalais (Zeichnung) blieb nur das Gartentor erhalten.

Josef Ludwig Colmar bezog das Bischofspalais am heutigen Bischofsplatz. Der Zweite Weltkrieg und politische Fehlentscheidungen in den 1960er Jahren ließen von diesem prächtigen Gebäude bis auf eine wiederaufgebaute Gartenpforte keinerlei bauliche Reste zurück. Anstelle des Palais wurde ein Parkhaus (!) errichtet.

Als Colmar Mainzer Bischof wurde, war die Beschießung der Stadt durch preußische Truppen gerade erst fünf Jahre Geschichte. Die Spuren waren noch überdeutlich. Auch der Dom hatte gelitten und war bereits zum Abriss freigegeben. Gottesdienste fanden hier schon längst nicht mehr statt, und das Gebäude diente unter anderem als Magazin. 1801 waren die Reste des Inventars versteigert worden. Der Mainzer Präfekt Jeanbon de St. André (s. dort) gehörte zu den heftigsten Befürwortern des Abrisses, denn die „Grand Rue Napoleon", die heutige Ludwigstraße, sollte nach den Plänen des Département-Baudirektors Eustache de St. Far bis zum Rhein durchgezogen werden. Es kam zu heftigen Auseinandersetzungen zwi-

schen Colmar und St. André – schließlich verschonte eine entsprechende Order aus Paris den Willigis-Dom. 1804, am Geburtstag Napoleons, wurde der Dom schließlich wieder geweiht.

Die Rettung des Doms wird noch heute mit Bischof Colmar, der am 15. Dezember 1818 in Mainz verstarb, in einem Atemzug genannt. In der Mainzer Neustadt trägt eine Straße seinen Namen. Im Mittelgang des Doms ist Colmars Grabplatte zu sehen.

**27.11.1754,
Nassen-
huben –
10.1.1794,
Paris**

Als er erst 39-jährig im Jahre 1794 starb, hatte er ein derart erfülltes Leben hinter sich wie kaum ein anderer. Die großen Umbrüche in der Geschichte Europas durch die Französische Revolution und die Erkundung ferner Länder fallen in die Zeit des Lebens des **Johann Georg Adam Forster** – und er war an beidem beteiligt. Im damaligen Nassenhuben bei Danzig wurde Forster geboren. Bereits als Elfjähriger begleitete er seinen Vater auf eine Russland-Reise und sprach nahezu perfekt Russisch. Im Alter von 13 Jahren verfasste er seine erste Übersetzung vom Russischen ins Englische, mit 17 begleitete er den berühmten James Cook auf dessen zweiter Weltumseglung.

Forster sah „paradiesische" Zustände auf Tahiti – und viele glauben, dass ihn diese Begegnung in der Südsee zum Anhänger der Französischen Revolution hat werden lassen, die er als „Naturgewalt" sah, deren blutige Auswüchse er allerdings strikt ablehnte.

Forsters 1785 mit Therese Heyne, die ihm drei Kinder schenkte, geschlossene Ehe hielt nur bis 1792. 1788 war Forster nach Mainz gekommen und nahm eine Stelle als Universi-

Hier wohnte Georg Forster in seiner Zeit als Universitätsbibliothekar.

tätsbibliothekar ein. Er lebte in den „Professorenhäusern" (Neue Universitätsstraße 5). Jahrelang bemühte sich der junge Bibliothekar um Zuschüsse, um die Sammlung auszuweiten und zu pflegen. Er erhielt sie aber nie…

Zwei Tage, nachdem französische Revolutionstruppen Mainz besetzt hatten, am 23. Oktober 1792, gehörte der Freimaurer Forster zu den Gründern des Jakobinerclubs in

Mainz, wurde Vizepräsident der kurzlebigen „Mainzer Republik", die er mit gegründet hatte.

Von Januar bis März 1793 war Forster Redakteur der demokratisch ausgerichteten „Neue Mainzer Zeitung – Der Volksfreund" und schrieb: „Die Pressefreiheit herrscht endlich innerhalb dieser Mauern, wo die Buchdruckerpresse erfunden ward."

Im selben Jahr wurde Forster, der Naturforscher und Ethnologe, Reiseschriftsteller, Journalist und Revolutionär Abgeordneter im revolutionären „Rheinisch-deutschen Nationalkonvent". So nannte sich die damals in Rheinhessen und in der Pfalz frei gewählte Volksvertretung. In dieser Funktion reiste er nach Paris. Er durfte aber nicht mehr zurückkehren. Die Preußen hatten Mainz inzwischen zurückerobert. Forster starb kurz darauf in Paris in einer kleinen Dachwohnung an Lungenentzündung.

Am ehemaligen Wohnhaus von Georg Forster ist eine Gedenktafel angebracht. Die Fachhochschule Mainz betreibt das Georg-Forster-Institut für sozialökologische Studien.

In der Mainzer Neustadt ist eine Straße nach Forster benannt.

Die „Professorenhäuser" übrigens wären wohl längst dem Abrissbagger zum Opfer gefallen, hätten sich nicht in den 1970er Jahren zwei junge Mainzer mit großem (auch finanziellen) Einsatz für ihren Erhalt eingesetzt. Mit ihnen wird die Erinnerung an Forster wach gehalten, der in seinen nur fünf Mainzer Jahren Geschichte schrieb.

Lektüre-Tipp: Reise um die Welt. Illustriert von eigener Hand; Mit einem biographischen Essay von Klaus Harpprecht und einem Nachwort von Frank Vorpahl. Frankfurt am Main: Eichborn-Verlag, 2007.

Eine Gedenktafel erinnert an diese Jahre.

**11.12.1919,
Harges-
heim –
6.3.2002,
Mainz**

Man verglich ihn nicht selten mit einem barocken Landes-fürsten: **Jockel (Jakob) Fuchs**, von Mainzern und allen, die ihn kannten oder zu kennen glaubten, liebevoll nur „Jo-ckel" genannt, „herrschte" über den Mainzer Stadtrat und galt schon zeitlebens als der bekannteste Mainzer nach Gutenberg. Doch der „Barockfürst", als der er nicht selten in der TV-Fastnacht auftrat, lebte mit Ehefrau Hannelore und seinen beiden Söhnen Hansi und Holger privat bescheiden, nachgerade bürgerlich. In der Oberstadt, unweit der Kirche St. Alban (in der die sterblichen Überres-te einer Gattin Karls des Großen ruhen sollen), bewohnte Fuchs das Haus Oechsnerstraße 3, die den Namen eines der Fuchs'schen Amtsvorgänger trägt (Georg Oechsner, 18.2.1822 in Mainz bis 26.9.1895 in Gau-Bischofsheim, Bürgermeister vom 25.8.1885 bis zum 1. November 1894).

Geboren wurde Jockel Fuchs, der schon zu Lebzeiten in die Liste der 100 berühmtesten Rheinland-Pfälzer auf-genommen wurde, allerdings nicht in Mainz (obwohl er als der Ur-Mainzer schlechthin galt), sondern am 11. Dezember 1919 in Hargesheim im Kreis Bad Kreuz-nach. 1948 begann er, nachdem er 1947 aus der franzö-sischen Kriegsgefangenschaft zurückgekehrt war, seine journalistische Karriere. Die von der Mainzer Neubrunn-

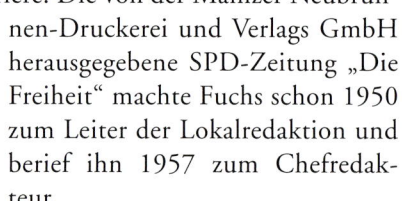

nen-Druckerei und Verlags GmbH herausgegebene SPD-Zeitung „Die Freiheit" machte Fuchs schon 1950 zum Leiter der Lokalredaktion und berief ihn 1957 zum Chefredak-teur.

Schnell übernahm Fuchs auch politi-sche Aufgaben in der SPD, wurde 1955 in den rheinland-pfläzischen Landtag gewählt (er war Landtagsab-geordneter bis 1975), war Parlamen-tarischer Geschäftsführer der SPD-Fraktion und zwei Jahe lang deren Fraktionsvorsitzender.

Seine eigentliche Mainzer Karriere, die ihn über Bundesgrenzen hinaus bekannt machen sollte, begann allerdings 1965, als er vom Mainzer Stadtrat zum Nachfolger von Oberbürgermeister Franz Stein gewählt wurde. In einer Zeit, in der die Stadt vom allgemeinen wirtschaftlichen Aufschwung profitierte, konnte Fuchs Marksteine setzen: Als „Jubiläumssiedlung" zum (angenommenen) 2000-jährigen Bestehen der Stadt Mainz wurde der neue Stadtteil Lerchenberg aus dem Boden gestampft. Hier siedelte sich das Zweite Deutsche Fernsehen an (Fuchs gehörte dem ZDF-Fernsehrat seit 1962 an und war ab 1967 dessen Vorsitzender). Die weitere Entwicklung der Stadt wurde geprägt durch die Gebietsreform (1969) – sechs weitere Vororte wurden eingemeindet. Besonders am Herzen lag Fuchs die Völkerverständigung, nicht zuletzt mit Frankreich. Partnerschaftsverträge (unter anderem mit Dijon, Haifa in Israel und Zagreb im

Bürgerlich zeigt sich das Wohnhaus von Jockel Fuchs in der Oechsnerstraße in der Oberstadt.

Lektüre-Tipp. Mainzer Jahre – schöne Jahre, Jockel Fuchs, Verlagsgruppe Rhein Main

damaligen Jugoslawien) wurden geschlossen. Schulneu-
bauten und Altstadtsanierung sind ebenso mit dem
Namen Jockel Fuchs eng verbunden.

Zwei Mal wurde Jockel Fuchs vom Mainzer Stadtrat in
seinem Amt bestätigt. Nach 22 Jahren, Fuchs war im 68.
Lebensjahr, endete die „Ära Jockel". Fuchs, mit hohen
und höchsten deutschen und ausländischen Ehrungen
ausgezeichnet, setzte sich und „seinem" Mainz ein liebe-
volles Denkmal mit seinem Buch „Mainzer Jahre – schöne Jahre". Am 6. März 2002 starb Jockel Fuchs in Mainz.
Er ist auf dem Mainzer Hauptfriedhof bestattet. Die
Stadt ehrte ihn posthum unter anderem mit der Benen-

Rund um
die Heu-
nensäule
auf dem
Markt
(oben).

Aus dem Gladiatorenhelm auf dem Bronzesockel der Säule lugt er als Tier, lebensnah bildet sein Kopf den Konsolstein am „Haus zum Fuchs".

nung des Rathausplatzes in „Jockel-Fuchs-Platz", die SPD nennt ihr Parteidomizil in der Klarastraße „Jockel-Fuchs-Haus". In der israelischen Partnerstadt Haifa wurde ein Seniorenheim schon zu Fuchsens Lebzeiten auf seinen Namen getauft. Und wer mit offenen Augen über den Mainzer Markt geht, der sieht das Konterfei des beliebten Oberbürgermeisters gleich zwei Mal: Als Konsolstein in einem der „Markt-

häuser" und als (tierischen) Fuchs, der auf dem vom Pfälzer Bildhauer Gernot Rumpf geschaffenen bronzenen Sockel der Heunensäule verschmitzt aus einem Römerhelm lugt.

**1.6.1891,
Mainz –
31.3.1955,
Mainz**

Der „Spiegel" nannte ihn 1948 „König der Büttenredner",
seine Vaterstadt Mainz, in der er am 1. Juni 1891 geboren
wurde, ehrte ihn mit der „Taufe" einer Einkaufspassage in
der Innenstadt auf seinen Namen: **Seppel Glückert**, langjähriger Vorsitzender des Mainzer Carneval Vereins
(MCV), gehörte mit Martin Mundo (s. Eintrag) zu den
(wenigen) Vertretern der Mainzer politisch-literarischen
Fastnacht, die sich das freie Narrenwort aus der Bütt auch
in schwierigsten, den „braunen" Zeiten, nicht verbieten
ließen.

Der durchaus mit humoristischer Bega-
bung gesegnete Sohn eines Schreibwaren-
händlers war braves Mitglied im Mainzer
Domchor, übernahm später das Geschäft
seines Vaters und engagierte sich im
Katholischen Kaufmännischen Verein
(KKV). Sein Engagement in der Mainzer
Fastnacht startete Glückert im Alter von
34 Jahren, als er 1925 zum MCV stieß.
Drei Jahre später bereits stand er als Proto-
koller im „Eulenfass" auf der närrischen
Rostra. Und zwar so erfolgreich, dass er
schon bald zu den bekanntesten Mainzer
Fastnachtern gehörte. Innerhalb des MCV
übte Glückert eine von seiner christlichen Lebenseinstel-
lung geprägte „Zensur" aus: Zweideutigkeiten oder Anstö-
ßiges in Büttenreden ließ er nicht zu.
Ebenso wenig wollte er sich in die Reihen der erstarkenden
NSDAP einordnen. Vor ihr warnte er 1931 aus der Bütt:
„Heil ruft man hier, Heil ruft man dort, ein Silbchen nur
fehlt diesem Wort: In allen deutschen Landen ist Unheil
draus entstanden." Und wenige Wochen nach der so
genannten Machtergreifung 1933: „Zu reden hier heut
braucht man Mut, weil, eh mer sich vergucke dut, als
Opfer seiner närrischen Kunst kann einquartiert wer'n
ganz umsunst." Vorsichtshalber habe er sich von seiner
Frau verabschiedet, weil die Nachsitzung „in der Wormser
Gegend" (dort befand sich das KZ Osthofen) stattfinden

Am Eingang
Kirschgarten
steht das
Wohnhaus
von Seppel
Glückert.

könne, erklärte der mutige Narr seinen Zuhörern augenzwinkernd. Der NS-Rundfunk übertrug zwar auch Mainzer Fastnachtssitzungen, brach 1938 eine Direktübertragung aber ab, weil Glückert in seinem politischen Protokoll aus der Bütt auch das KZ Dachau erwähnt hatte. Nur auf Druck der Mainzer Bevölkerung wurde Glückert aus dem Polizeigewahrsam entlassen.

In der Zeit nach dem Krieg zahlte sich seine Popularität für Seppel Glückert aus. „Poète" nannten ihn die französischen Behörden – und erteilten ihm eine Generallizenz für seine weiteren Auftritte. Der franzöische Stadtkommandant von Mainz, Louis Théodore Kleinmann, initiierte 1946 als Ersatz für die noch nicht wieder stattfindende Fastnacht „Mainzer Abende", deren Mitveranstalter Seppel Glückert war. Er lebte im Hause Augustinerstraße 61. 1951 zog sich der 60-Jährige von der Narrenbühne zurück, doch behielt er den Vorsitz des MCV, den er seit 1947 hatte, bis zu seinem Tod. Wenige Wochen, nachdem Seppel Glückert einmalig für eine Herrensitzung des MCV auf die Bühne zurückgekehrt war, verstarb er nach einem Schlaganfall am 31. März 1955. Unter großer Anteilnahme der Mainzer Bevölkerung fand er seine letzte Ruhestätte auf dem Mainzer Hauptfriedhof.

**6.1.1882,
Warschau –
19.7.1957,
Mainz-
Gonsen-
heim**

An der Straßenbahnhaltestelle Elbestraße, der früheren Rheinstraße im Stadtteil Mainz-Gonsenheim, wenige Steinwürfe von den ehemaligen Wohnhäusern des **Jacob Goedecker** (Elbestraße 23, später Elbestraße 59), erinnert

seit 1982 ein vom Gonsenheimer Bildhauer Albert Ditt geschaffenes Denkmal an den großen Flugpionier, der am 6. Januar 1882 in Warschau geboren wurde und am 19. Juli 1957 im Alter von 75 Jahren starb.

Wie viele Jungen geriet der kleine Jacob bei der Beobachtung des Vogelflugs ins Grübeln, dachte daran, Fluggeräte zu bauen und sich selbst in die Lüfte zu erheben. Doch anders als andere Jungen setzte Jacob Goedecker seinen Traum um. Zeitschriften-Berichte über die Fliegerei wecken das Interesse des damals 14-Jährigen: Er begann

Flugzeugmodelle zu basteln, aus Bambus, Seide und Papier. Als Zwanzigjähriger startete er ein Ingenieurstudium an der Technischen Hochschule Aachen, wo Prof. Hugo Junkers sein Interesse an der Fliegerei erneut entfachte. Finanziell hatte der aus einer wohlhabenden Mainzer Familie stammende Goedecker keine Probleme. Und so mietete er nach

Abschluss des Studiums eine leer stehende Werkstätte in Niederwalluf auf der anderen Rheinseite an. Er eröffnete dort sein erstes Flugzeugwerk, und nach Modellversuchen begann Goedecker, sich einen Traum zu erfüllen, die Konstruktion eines Eindecker-Flugzeugs ohne die damals übliche Drahtverspannung – die legendäre Taube. Sie wurde, in Teile zerlegt, über den Rhein und mit Pferdefuhrwerken nach Gon-

senheim durch den Lennebergwald zum damaligen Exerzierplatz Großer Sand transportiert. Hier hatte Goedecker ein Gelände gekauft, auf dem bald Fabrikgebäude und Hallen entstanden. Die „Taube" wurde bis zum Doppeldecker weiterentwickelt. Die Fachwelt staunte, denn statt der üblichen Vollgummireifen hatte Goedecker Ballonreifen an seine Flugzeuge montiert.

Als sich Goedeckers Apparate bald viele hundert Meter hoch erhoben, zog der Betrieb Menschen magisch an. „In Gunsenum werd gefloge", hieß es, und man konnte für 50

Der geniale Flugzeugkonstrukteur Jacob Goedecker lebte in den Häusern Elbestraße 23 (Seite 30) und 59.

Ein Denkmal an der Elbestraße, in der Goedecker lebte, erinnert an seine Flugversuche auf dem „Großen Sand".

Pfennig von einer Tribüne aus Starts, Landungen und Schauflüge beobachten. Etliche Bestellungen ließen die „J. Goedecker Flugmaschinenwerke" in Gonsenheim rasch wachsen. Zu den ersten Bestellern gehört auch der junge Niederländer Antony Fokker. Der Zwanzigjährige sollte eigentlich 1910 in Deutschland einen Automobilbaukurs in der Ingenieurschule in Bingen besuchen. Stattdessen besuchte er einen Lehrgang für Flugzeugbau in Zahlbach bei Mainz. Bei Goedecker bestellte er ein Flugzeug und arbeitete das Geld dafür ab 1911 als Fluglehrer und Testpilot ab. Später sollte Fokker ein erfolgreicher Flugzeugkonstrukteur werden.

Nach erfolgreichen Jahren, in denen Jacob Goedecker zu den bedeutendsten Flugzeugkonstrukteuren zählte, liefen industrielle und militärische Flugzentren den kleineren Betrieben den Rang ab. Auch der allzu bescheidene Gonsenheimer hatte darunter zu leiden und musste sich bald auf Reparaturarbeiten beschränken. Mit dem Ausbruch des Ersten Weltkriegs wurde der Große Sand Sicherheitsgebiet. Der Versailler Vertrag beendete die Luftfahrt in Deutschland. Wichtige Teile von Goedeckers Fabrik wurden durch die Franzosen beschlagnahmt. Zwar versuchte Jacob Goedecker 1930, seinen Betrieb wieder aufzunehmen, doch er hatte den Anschluss an die technische Entwicklung verloren und sein gesamtes Vermögen in seinen Traum, den Flugzeugbau, gesteckt. 1932 entwickelte der findige Kopf den „Ornithopeder", das erste elektrisch betriebene Vogelschwingenflugzeug. Bis 1945 war er Mitarbeiter der Deutschen Forschungsanstalt für Segelflug in Darmstadt. Zwischen 1949 und 1953 schließlich widmete sich der einst gefeierte Flugzeugbauer der Konstruktion von Modellflugzeugen. Letzten internationalen Erfolg hatte der Gonsenheimer in den 1950er Jahren mit der Konstruktion eines der ersten flugtauglichen Modellhubschrauber.

Jacob Goedecker ist auf dem Gonsenheimer Waldfriedhof bestattet.

**28.8.1749,
Frankfurt –
22.3.1832,
Weimar**

Dass Dichterfürst **Johann Wolfgang von Goethe** (28. August 1749 Frankfurt bis 22. März 1832 Weimar) 1793 als „Kriegsberichterstatter" Mainz mit seinem Werk „Belagerung von Mainz" ein literarisches Denkmal setzte, ist wohl hinlänglich bekannt. Dass er seine Aufzeichnungen und Erinnerungen an das kriegerische Ereignis allerdings erst knapp 30 Jahre später (1820 bis 1822) im Alter von über 70 Jahren in Weimar zu Papier brachte, ändert kaum etwas an der Aussagekraft seiner Beschreibung. Mainz war Goethe durchaus nicht fremd. Erstmals war er 1771 in der Stadt, damals auf der Rückreise von seinem Straßburger Studienaufenthalt nach Frankfurt. Drei Tage traf er sich 1774 mit dem weimarischen Erbprinzen Carl August in Mainz, machte im Jahre 1792 auf dem Weg in die französische Campagne zwei Tage Station.

Das Chausseehaus im heutigen Stadtteil Marienborn wirbt heute als „Zuhause feiner Amorella-Kirsch Spezialitäten" – 1793, als ein preußisches Heer das von Frankreich besetzte Mainz belagerte und zurückeroberte, wohnte hier Johann Wolfgang von Goethe. Herzog Carl August von Weimar, dessen Truppen damals ebenfalls bei Marienborn lagen, hatte seinen Staatsminister Goethe mitgebracht. Vom 27. Mai bis 27. Juli 1793 lebte Goethe zunächst in einem Zeltquartier beim Chausseehaus, später (17. bis 27. Juli) im Chausseehaus selbst. Auch Heinrich von Kleist war während des Krieges in Mainz stationiert. Goethe verewigte seine Marienborner Unterkunft mehrfach in seiner „Belagerung von Mainz". Wie vergleichsweise gemächlich sich die kriegerische Auseinandersetzung entwickelte, mag die Tatsache belegen, dass Goethe während seines Marienborner Aufenthalts genügend Muße fand, an seiner Farbenlehre zu arbeiten und an seinem Versepos „Reinecke Fuchs" zu schreiben.

Am 27. Mai 1793 war Goethe von Frankfurt aus über Höchst und Flörsheim, die Schiffbrücke bei Rüsselsheim, Ginsheim, die Nonnenaue und Bodenheim nach Ober-Olm gekommen und schlief im heutigen Haus Obergasse 12. Am 29. Mai 1793 berichtete Goethe seiner Lebensgefährtin Christiane Vulpius (er heiratete sie erst 1806): „Ich war in ein Dorf recht schön einquartiert da haben mich die Wanzen wie gewöhnlich heraus gejagt." Nach der einen Ober-Olmer Nacht bezog Goethe ein Zelt zwischen dem Ober-Olmer Forsthaus und dem Chausseehaus.

„Johann Wolfgang von Goethe weilte hier am 29. Mai und 3. Juni 1793, während der Belagerung von Mainz, als Gast des preußischen Gesandten am kurmainzischen Hofe Johann Friedrich Freiherrn vom Stein." So steht es auf einer Gedenktafel am Ober-Olmer Forsthaus, dem

Im Chausseehaus arbeitete Goethe an seinem „Reinecke Fuchs".

ehemaligen Jagdschloss des Mainzer Erzbischofs und Kurfürsten Emmerich Josef von Breidenbach. Goethe selbst schrieb dazu: „Man fühlte welch eine behagliche Stelle es gewesen, Landjägermeister eines Kurfürsten von Maynz zu seyn. Von da übersieht man den großen landschaftlichen Kessel der sich bis Hochheim hinüber erstreckt, wo in der Urzeit Rhein und Main sich wirbelnd drehten und restagnierend die besten Äcker vorbereiteten, ehe sie bei Biebrich westwärts zu fließen völlige Freiheit fanden. Den 3. Juni große Mittagstafel bei Herrn vom Stein auf dem Jägerhause; herrliches Wetter, unschätzbare Aussicht, ländlicher Genuß, durch Szenen des Todes und Verderbens getrübt."

Am 15. Juli 1793 machte Goethe einen Ausflug ins nahe gelegene Klein-Winternheim. Hier waren (wohl im Bereich der heutigen Hauptstraße) seine Maler-Freunde, der Engländer Charles Gore und der Weimarer Georg Melchior Kraus, untergebracht.

Auch später besuchte Goethe erneut Mainz. Am 3. und 4. August 1814 wohnte er im Gasthof „Zum römischen

Eine Gedenktafel erinnert an den Besuch Goethes bei Johann Friedrich Freiherr v. Stein im Ober-Olmer Forsthaus.

Kaiser" (heute Gutenberg-Museum, Liebfrauenplatz), als der Mainzer Kommandant Oberst von Krauseneck den Geburtstag des preußischen Königs feierte. Am 18. Juli 1815 folgte Goethe einer Einladung des Gouverneurs Erzherzog Karl zur „Hoftafel" im Deutschordenshaus (heute Landtag von Rheinland-Pfalz). Goethes letzter Aufenthalt in Mainz war am 11. und 12. August 1815. Er wohnte im Gasthof „Zu den drei Reichskronen" (am Brandplatz, abgerissen 1874/75). In vielfacher Weise ehrt Mainz den großen Dichter: Goethestraße, -platz, -schule.

Lektüre-Tipp: Hermann Kurzke und Oliver Kemmann (Hrsg.): Untergang einer Reichshauptstadt. Johann Wolfgang von Goethe. Belagerung von Mainz. Ein Bilderbogen, Societäts-Verlag, Frankfurt/ Main 2007

17.11.1888, Mainz –

12.9.1960, St. Gallen

Im Mainzer Stadtteil Drais ist eine Straße nach ihm benannt, aber sein Elternhaus war die Gartenfeldstraße 16 in der Mainzer Neustadt. Hier wurde der Schriftsteller, Regisseur und Schauspieler **Curt Goetz** (eigentlich Kurt Walter Götz) am 17. November 1888 als Sohn des aus Basel stammenden Schweizer Kaufmanns Bernhard Götz und dessen Frau Selma, geborene Rocco (sie hatte italienische und französische Vorfahren), geboren. Erinnerungen an das Mainzer Gartenfeld wird Goetz, der am 12.

September 1960 in Grabs im Schweizer Kanton St. Gallen starb, nicht gehabt haben. Denn: nachdem sein Vater 1890 starb, zog seine Mutter mit dem Zweijährigen und seinem zehnjährigen Bruder Hans nach Halle an der Saale um. Hier war sie Chefin einer Privatklinik – und daher rührte wohl auch ihr Wunsch, Sohn Kurt möge Arzt werden. Daraus wurde nichts, denn sein Stiefvater ebnete ihm den Weg zu Schauspielunterricht und Bühne. 1907 gab Goetz in Rostock sein Bühnendebüt und kam 1911 schließlich zum „Kleinen Theater unter den Linden" in Berlin und später zum Lessing-Theater. Hier spielte er in Klassikern, war aber über seine Rollen so unzufrieden, dass er begann, Boulevardstücke zu schreiben. In den Hauptrollen: Curt Goetz. Er sollte der brillanteste Kommödienschreiber im deutschsprachigen Raum werden. Manch einer vermutet, dass sein ausge-

prägter Sinn für Humor und Komik ursächlich mit seinem Geburtsort Mainz verknüpft war. Und in der Tat, als Curt Goetz 1946 zusammen mit seiner Frau Valérie von Martens (eigentlich Valérie Pajér Edle von Mayersperg) aus den USA „mit Freude" zurück nach Deutschland kam (das Ehepaar lebte von da an in der

Schweiz, und Goetz nahm die Schweizer Staatsangehörigkeit an), erklärte er (typisch Mainzer?), die Deutschen wieder zum Lachen bringen zu wollen. Tatsächlich: Sein Film „Frauenarzt Dr. Hiob Prätorius", dessen Drehbuchautor, Regisseur und Hauptdarsteller er war, wurde als eine der ersten deutschen Filmproduktionen nach dem Krieg zu einem seiner größten Erfolge.

1933 war Goetz aus Nazi-Deutschland zunächst in die Schweiz ausgewandert, 1939 wurde er bei einem Amerika-Aufenthalt vom Kriegsausbruch überrascht und blieb. In den USA wollte Curt Goetz das Filmemachen lernen – mit Hollywood hatte er allerdings seine Schwierigkeiten.

Gemeinsam mit seiner Frau verlegte sich Goetz auf die Hühnerzucht – und hatte schnell einen Ruf als „Wunder-Tier-Doktor", denn seine Hühner legten (dank einer besonderen Fütterungsmethode) Eier mit zwei Dottern. Zu den bekanntesten Stücken von Curt Goetz zahlen „Hokuspokus", „Das Haus in Montevideo" und „Dr. med. Hiob Praetorius". Sie alle hat er auch verfilmt – mit sich in der Hauptrolle. Curt Goetz wurde auf dem Waldfriedhof Heerstraße in Berlin in einem Ehrengrab des Landes Berlin gemeinsam mit seiner Frau Valérie beigesetzt, die 1986 verstarb.

Am Haus Gartenfeldstraße 16 in der Mainzer Neustadt erinnert eine Bronzetafel an Curt Goetz.

um 1400, Mainz – 3.2.1468, Mainz

Wann er geboren wurde, ist unbekannt. Und deshalb wurde sein Geburtsjahr von der Gutenberg-Gesellschaft Ende des 19. Jahrhunderts auf 1400 festgelegt. Sicher ist allerdings, dass Johannes „Henne" Gensfleisch das dritte Kind des Patriziers und Kaufmanns Friedrich „Friele" Gensfleisch und dessen zweiter Frau Else Wirich war. Wahrscheinlich stand sein Geburtshaus, der elterliche Hof zum Gutenberg, in der heutigen Schusterstraße, einen Steinwurf entfernt von der mutmaßlichen Taufkir-

che St. Christoph. Eine Gedenktafel ist an dem Nachfolgebau, der heute eine Apotheke beherbergt, angebracht. Einer damaligen Mode folgend, nannte sich die Familie erst in den 1420er Jahren um und gab sich den Beinamen „zum Gutenberg".

Es ist zu vermuten, dass **Johannes Gutenberg** als Sohn eines wohlhabenden Patriziers die Lateinschule besuchte. Zudem hatte die Familie enge Kontakte zum Stift St. Viktor vor Mainz (die Straße Am Viktorstift in Mainz-Weisenau erinnert an das 1592 zerstörte Stift), und Gutenberg war später Mitglied der St.-Viktor-Bruderschaft. Nicht auszuschließen ist sein Besuch der Klosterschule ebenso wie der Besuch der Universität Erfurt.

Wo sich Gutenberg in den 1420er Jahren aufhielt, ist nicht bekannt, lediglich ist aus alten Quellen zu entnehmen, dass er 1429 und 1430 nicht in Mainz lebte. Ganz sicher lässt sich sagen, dass Gutenberg ab 1434 und bis 1444 in Straßburg lebte. Erst ab Oktober 1448 ist Gutenbergs Aufenthalt in Mainz wieder nachweisbar, denn da nahm er bei seinem Vetter Arnold Gelthus einen Kredit auf – vermutlich für den Aufbau einer Druckwerkstatt im Hof zum Humbrecht (heute Schusterstraße 22-24). Einen weiteren Kredit gab ihm 1449 der Mainzer Kaufmann Johannes Fust, dem Gutenberg die von diesem Geld gekauften Geräte verpfändete.

Um 1450 begann Gutenberg, seine Erfindung, den Druck mit beweglichen Lettern, umzusetzen

Kleindrucke, Kalender, Wörterbücher, Kurzgrammatiken entstanden. Und vor allem die 42-zeilige lateinische Bibel, die möglicherweise 1452, nachdem Fust ein zweites Darlehen über 800 Gulden gegeben hatte, herausgegeben wurde. 1455 kam es zum Zerwürfnis zwischen Fust und Gutenberg. Gutenberg verlor den Rechtsstreit und musste

An der Stelle, an der Gutenbergs Geburtshaus stand, erinnert eine Bronzetafel an ihn. Links der Algesheimer Hof, Gutenbergs Sterbehaus.

In der
Kirche St.
Christof,
gelegen zwi-
schen
Geburts-
und Sterbe-
haus Guten-
bergs, wurde
Johannes
Gensfleisch
getauft.
Heute ist die
Kirche Mahn-
mal für die
Opfer des
Zweiten
Weltkriegs.

Werkstatt und Bibel-Lagerbestand übergeben. Fust führte zusammen mit Gutenbergs Mitarbeiter Peter Schöffer
Gutenbergs ehemalige Druckerei mit großem Erfolg weiter.

Gutenberg selbst ging zurück in sein Elternhaus und
gründete dort wieder eine Druckerei. 1465 nahm Adolf
von Nassau Gutenberg als Hofmann auf. Damit wurde
Gutenberg nicht nur von Steuern und Diensten befreit,
sondern erhielt zusätzlich Kleidung, Korn und Wein. Bis
zu seinem Tod am St.-Blasius-Tag, dem 3. Februar 1468,
lebte Gutenberg im Algesheimer Hof (Hintere Christofsgasse 3). Auch hier erinnert eine Gedenktafel an den
Erfinder der Druckkunst mit beweglichen Lettern. Bei-

gesetzt sein soll „der ehrsam Meister Henne Gensfleisch"
in der Franziskanerkirche, die allerdings im 18. Jahrhundert abgerissen wurde. Gutenbergs Grab wurde nie
gefunden. Auch ist völlig unbekannt, wie er aussah.

Die erste bekannte Darstellung stammt aus dem Jahr
1584 (Kupferstich von De Lamassin, Paris). Gutenberg-
Denkmäler befinden sich unter anderem in der Hof-
durchfahrt des „Römischen Kaisers" (Liebfrauenplatz,
von Joseph Scholl, 1827), auf dem Gutenbergplatz (Bertel Thorvaldsen, 1837), vor dem Gutenberg-Museum
(Väino Alltonen, 1962) und vor dem Algesheimer Hof
(Karlheinz Oswald, 2001). Eine Nachbildung des Thor-
valdsen-Denkmals verleiht die Stadt Mainz für besonderes kulturelles Engagement.

Auf den
Gutenberg-
platz steht
das 1837
errichtete
Denkmal von
Bertel Thor-
valdsen.

**17.10.1835, Mainz –
27.1.1905, Mainz**

Dass ihr am 17. Oktober 1835 geborener Sohn Paul schon als Kind ein besonders begabter Bastler war, merkten der Mainzer Schiffskapitän Johann Baptist Haenlein und seine Ehefrau Wilhelmine (geborene Poirez) recht schnell. Das Ehepaar, das in einer seit 1764 bestehenden Familientradition ein Fisch-Export-Geschäft führte, schickte den kleinen Paul zunächst auf die Realschule. Eine Modelltischler-Lehre brach **Paul Haenlein** ab. Der junge Tüftler ließ sich zum Maschinenbauer ausbilden, studierte an der Technischen Hochschule Karlsruhe und war danach für mehrere europäische Maschinenfabriken tätig. In London, wo er 1864 eine Anstellung als Maschinenkonstukteur fand, ließ er sich 1865 seine Idee patentieren: das von einem Gasmotor angetriebene und dadurch lenkbare Luftschiff, dessen Ballongas den Motor speiste.

Paul Haenlein kehrte nach Mainz zurück und zog in das Haus Gaustraße 63 (ein Neubauprojekt steht heute an dieser Stelle). Und er setzte sein Patent zumindest als zehn Meter langes Modell mit einem Ballondurchmesser von zwei Metern um, um es der Mainzer Bevölkerung am 5. Oktober 1871 in der Fruchthalle zu präsentieren. Die Vorführung gelang – aber die erhoffte Wirkung blieb aus. Es fanden sich keine Geldgeber, um den Traum des Paul Haenlein umsetzen zu können. In Wien war Haenlein erfolgreicher. Nach Vorführungen in der Hofburg fand der

Mainzer beim Niederösterreichischen Gewerbeverein einen Unterstützer, mit dessen Hilfe er eine „Gesellschaft zum Zweck der Ausführung eines großen personentragenden Ballons" gründete. „Aeolus", ein 52 Meter langes Luftschiff aus gummierter Rohseide, wurde 1872 gebaut. Dass aber gerade diese Gesellschaft gegen

seinen Willen einen Testflug in
einer Höhe forderte, für die die
Konstruktion nicht geeignet war,
wurde dem Mainzer Konstruk-
teur zum Verhängnis: Es platzten
nicht nur die Auftriebskörper,
sondern auch Haenleins Traum
vom Fliegen … Die Gesellschaft
wurde 1873 aufgelöst.

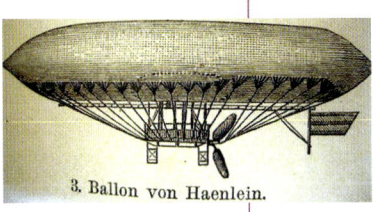

3. Ballon von Haenlein.

Paul Haenlein fand Anstellung
in der Schweiz und widmete sich
enttäuscht und verschuldet weiter der Verbesserung seines Luft-
schiffs (noch ein Jahr vor seinem
Tod veröffentlichte er, zurückge-
kehrt nach Mainz, eine Studie über das lenkbare Luftschiff) – aber er baute 1875 auch das erste Auto der
Schweiz.

Am 27. Januar 1905 starb Paul Haenlein in seiner Heimatstadt Mainz im ehemaligen Vincenz-Krankenhaus auf dem
Kästrich. Das Grab des Luftfahrtpioniers befindet sich auf
dem Hauptfriedhof.

Mit der Kon-
struktion von
lenkbaren
Luftschiffen
machte sich
Paul Haen-
lein einen
Namen.

Lektüre-
Tipp:
G. Schmitt
und W.
Schwipps:
Pioniere der
frühen Luft-
fahrt, Gon-
drom Verlag,
Blindlach
1995.

Im Reihenendhäuschen Bebelstraße 32d im Mainzer Stadtteil Bretzenheim lebte einer der erfolgreichsten Vertreter des deutschen Kabaretts des 20. Jahrhunderts: **Hanns Dieter Hüsch**. Geboren wurde er, „das schwarze Schaf vom Niederrhein" (so der Titel eines seiner Programme), am 6. Mai 1925 in Moers am Niederrhein. Am 6. Dezember 2005 schloss der literarische Kabarettist und Liedermacher, Rundfunkmoderator und TV-Synchronsprecher, Schriftsteller und Schauspieler nach 52 erfolgreichen Bühnenjahren in Werfen (Windecker Ländchen) für immer die Augen. Seinen Wohnort Mainz hatte er zwar aufgegeben, seine Liebe zur Stadt aber nie.

In Gießen sollte er Medizin studieren, aber Hüsch ging 1947 nach Mainz, wollte Opernregisseur werden. An der Mainzer Universität begann er das Studium der Theaterwissenschaft, Literaturgeschichte und Philosophie. Aber, so bekannte er: „Ich habe an der Uni keine Seminare besucht, aber ich habe meine Texte geschrieben." Im Winter 1947/48 spielte Hüsch am Mainzer Studentenkabarett „Die Tol(l)eranten", trat ab Herbst 1948 mit einem Chan-

son-Soloprogramm auf. 1951 heiratete er seine Marianne, wurde Vater seiner Tochter Anna. Von 1956 bis 1961 trat Hüsch in dem von ihm mitgegründeten Mainzer Kabarett „Arche nova" auf. Ein unstetes, wenngleich nahezu durchgängig erfolgreiches Künstlerleben folgte. Der Auszug aus Mainz, die zeitweilige Trennung von Ehefrau, Tochter und Katze… 1979 kehrte Hanns Dieter Hüsch nach Mainz

Im bescheidenen Reihenhaus in der Bebelstraße lebte Hanns Dieter Hüsch mit Ehefrau, Tochter – und Katze …

zurück. Er wollte wieder seine Familie um sich haben. Aber seine Frau Marianne erkrankte unheilbar. Wenige Tage nach Hüschs 60. Geburtstag starb sie. Hüsch warf sich vor, ihr durch seine Abwesenheit letzte schöne Jahre genommen zu haben. 1988 schließlich verließ Hanns Dieter Hüsch Mainz und ließ sich in Köln nieder. Hüsch erkrankte an Krebs, erlitt 2001 einen Schlaganfall. Zu seinem 80. Geburtstag stiftete Bundespräsident Johannes Rau ihm einen Stern auf dem Mainzer „Walk of Fame des Kabaretts".

Die sterbliche Hülle des großen HDH ist auf dem Zentralfriedhof seiner Geburtsstadt Moers bestattet. Mainz ehrte ihn mit der Benennung eines Weges auf dem Uni-Campus – nahe seiner Wahlheimat Bretzenheim.

18.5.1771, Mainz –

24.5.1839, Mainz

Wahrscheinlich im Bockshöfchen 1 wurde Mainzer Fastnachtsgeschichte begründet. Denn hier (heute weist lediglich noch eine Gedenktafel darauf hin) wurde vermutlich **Johann Maria Kertell** geboren, der spätere

Gründer der ersten Mainzer Fastnachtskorporation, der Mainzer Ranzengarde. Im Bockshöfchen stand das Wohn- und Geschäftshaus des Ölseifensieders Johann Baptist Kertell. Johann Maria Kertell wurde am 18. Mai 1771 geboren und am selben Tag in der noch im Bau befindlichen Altstadt-Kirche St. Ignaz getauft. Anfang des 19. Jahrhunderts (die Familie war zu Reichtum gekommen und betrieb später die größte Seifensiederei im süddeutschen Raum) zog man um in den Ansburger Hof in der nur einen Steinwurf entfernten Grebenstraße. In dem ehemaligen Klosterhof des Klosters Anspach sind heute Bibliothek und Archiv des Priesterseminars untergebracht.

Nach seiner Lehrzeit in Köln arbeitete Kertell zunächst bei seinem Vater und machte sich schließlich 1797 mit

der Produktengroßhandlung Gebrüder Kertell im Haus Liebfrauenplatz 12 selbstständig. Das Haus wurde im Zweiten Weltkrieg 1942 zerstört. Heute steht an seiner Stelle neben der alten preußischen Hauptwache („Haus am Dom") das Geschäft „Optiker Müller". Der überaus wohlhabende Kertell heiratete 1804. Im selben Jahr kaufte er das Haus Karmeliterplatz 2 als Wohn- und Geschäftshaus – zahlreiche weitere Haus- und Grundkäufe sollten später den auch politischen Einfluss Kertells stärken.

Im Bockshöfchen an der Augustinerstraße liegt versteckt das Relikt von Kertells Geburtshaus (Seite 48) mit Gedenkplakette. In der Grebenstraße bezog die wohlhabende Familie den Ansburer Hof.

So wurde er Mitglied im Stadtrat, Vizepräsident der Handelskammer, Handelsgerichtspräsident, Präsident der Dampfschiffahrtsgesellschaft von Rhein und Main (der heutigen Köln-Düsseldorfer Rheinschiffahrt AG), war Mitbegründer der Taunusbahn und wurde, als Mainz durch den Wiener Kongress zu Hessen-Darmstadt geschlagen wurde, Mitglied der Zweiten Ständekammer des Hessischen Landtages in Darmstadt.

1837 gründete Kertell die erste Fastnachtsgarde in Mainz, die „Ranzengarde", und wurde auch ihr erster Generalfeldmarschall und Präsident. Vor dem neuen Theater und dem im selben Jahr errichteten Gutenberg-Denkmal befand sich das erste Hauptquartier der Garde. Auf Kertells Anregung hin fand 1838 der erste Mainzer Rosenmontagszug statt. Zwei Jahre nur konnte er die junge Garde führen – am 24. Mai 1839 starb Kertell in seinem Haus am Karmeliterplatz. In Chronistenberichten heißt es: Die Schiffe des Hafens sowie die Dampfboote des Rheins senkten ihre Flaggen. Auf dem Mainzer Hauptfriedhof fand Johann Maria Kertell seine letzte Ruhestätte.

**25.12.1811,
Münster –
13.7.1877,
Burghausen**

Sein Großneffe war der als „Löwe von Münster" in die Geschichte eigegangene Bischof von Münster, Clemens August Graf von Galen. Er selbst wird als „Arbeiterbischof" in den Geschichtsbüchern geführt: **Wilhelm Emmanuel Freiherr von Ketteler.** Sein Grab im Mainzer Dom ist heute noch Ziel vieler Gläubiger, die seiner in Dankbarkeit und voller Verehrung gedenken. Am 1. Weihnachtstag 1811 wurde der spätere Mainzer Bischof, Politiker der Zentrumspartei und Gründer der Katholischen Arbeitnehmer-Bewegung (KAB) im westfälischen Münster geboren. Er war der jüngste von drei Söhnen des Landrats Maximilian und seiner Frau Clementine, einer geborenen von der Wenge.

Wilhelm Emmanuel Freiherr von Ketteler besuchte das Jesuiteninternat in Brig im schweizerischen Wallis und machte dort 1828 sein Abitur. In Göttingen studierte er Rechts- und Staatswissenschaften, wurde Mitglied der schlagenden Verbindung „Corps Guestphalia" – und verlor hier seine Nasenspitze bei einem Duell. Von 1831 an studierte Ketteler in Berlin und ging danach als Jurist in den Staatsdienst. Glaubens- und Gewissensgründe ließen ihn von 1841 bis 1843 allerdings in München Theologie studieren. 1844 wurde Ketteler in seiner Heimatstadt Münster zum Priester geweiht. Ketteler setzte sich in Westfalen vor allem für die Betreuung der „unteren Schichten" ein.

Am 15. März 1850 wurde Ketteler zum Bischof von Mainz gewählt und am 27. Juli vom Freiburger Erzbischof Hermann von Vicari geweiht. Wie alle Mainzer Bischöfe seit 1802 lebte Ketteler im Bischöflichen Palais, das 1663 bis 1666 von Franz Georg von Schönborn als Domkustorie erbaut

*Unplanmäßig
ruht Bischof
Ketteler im
Dom.*

worden war. Bei der Bombardierung von Mainz im Jahre 1942 wurde das Palais zerstört. Seine Reste mussten (von Denkmalpflegern beklagt) dem Bau eines Parkhauses weichen. Heute erinnert auf dem Bischofsplatz, auf dem auch ein modernes Denkmal des „Arbeiterbischofs" steht, lediglich die wieder aufgerichtete ehemalige Gartenpforte des Bischöflichen Palais an den Wohnsitz Kettelers.

Verfassungsgemäß gehörte der Mainzer Bischof von 1851 bis 1877 der ersten Kammer der Landstände des Großherzogtums Hessen an, war 1848 Mitglieder der Nationalversammlung in der Franfurter Paulskir-

Auf dem Bischofsplatz wurde ihm ein Denkmal gesetzt.

che und wurde 1871 Mitglied des Reichstags. Mit Ludwig Windhorst gründete Ketteler die katholisch ausgerichtete Zentrumspartei. Beeinflusst vom „Gesellenvater" Adolph Kolping gehörte Ketteler zu den Verfechtern der Hinwendung der katholischen Kirche zur Sozialtätigkeit für die Arbeitnehmerschaft. Man nannte Ketteler, der als Mitbegründer der katholischen Soziallehre gilt, nicht zuletzt aus diesem Grund auch „Arbeiterbischof".

Emmanuel von Ketteler starb am 13. Juli 1877 im Kloster Burghausen im Landkreis Altötting und wurde am 18. Juli 1877 im Mainzer Dom beigesetzt. Das war so nicht geplant, denn eigentlich sollte der „Arbeiterbischof" in Mainz-Mombach beigesetzt werden, einem 1907 eingemeindeten Stadtteil mit überwiegender Arbeiterbevölkerung. In der Herz-Jesu-Kirche sollte eine eigene Ketteler-Kapelle errichtet werden – aber der Ausbruch des Ersten Weltkriegs verhinderte (bis heute), dass die Kirche vollendet wurde. Und so ruht Kettelers sterbliche Hülle auch heute noch in der Marienkapelle des 1000-jährigen Doms. In Mainz tragen unter anderem eine (Arbeiter-)Siedlung und eine Schule seinen Namen.

**18.4.1824,
Kriegs-
heim –
9.8.1876,
Mainz**

Das Stamm-
haus Kupfer-
bergs nach
dem Umzug
vom Lauben-
heimer Mari-
enhof auf der
heutigen
Kupferberg-
terrasse.

In Kriegsheim, dem heutigen Ortsteil von Monsheim im Kreis Alzey-Worms, wurde **Christian Adalbert Kupferberg** am 18. April 1824 geboren. Er war gerade sieben Jahre alt, als sein Vater, ein Großherzoglicher Districtein-nehmer, starb und die Familie nach Mainz umzog. Im Handelshaus Reiss in Mannheim begann Kupferberg 1843 eine Ausbildung zum Exportkaufmann. 21-jährig duellierte sich Kupferberg, der seine Braut beleidigt sah, mit einem preußischen Dragonerleutnant und tötete ihn – das Kreis-gericht Mainz verurteilte Kupferberg zu einem Jahr Festungshaft in der Militärfestungsstrafanstalt Babenhau-sen. Im Wormser Weinhandelshaus Renz setzte Kupfer-berg seine berufliche Karriere 1846 fort. Im folgenden Jahr gründete er mit dem Mainzer Robert Kempf die Firma „Kempf & Kupferberg – Fabrication moussirender Weine" in Neustadt an der Weinstraße. Doch bereits 1850 trenn-ten sich die Geschäftspartner. Christan Adalbert Kupfer-berg eröffnete im 1746 errichteten Marienhof im heutigen Mainz-Laubenheim (Hans-Zöller-Straße) seine eigene Sektkellerei. Hier wurde eine der ersten deutschen Sekt-marken geboren: „Kupferberg Gold". Fünf Jahre später allerdings wurde der Marienhof für das expandierende

Unternehmen zu klein. Auf dem als Weinberg genutzten Kästrich gab der Festungskommandant Gewerbegebiet frei. Hierhin, auf die heutige „Kupferbergterrasse", verlegte Kupferberg seine Kellerei.

Auf der Weltausstellung 1862 in London (Kupferberg lebte inzwischen im Hause Mathildenterrasse 17) wurden Kupferbergs Sekte hoch prämiiert, und Kupferberg wurde Hoflieferant der Herzöge von Urach.

Kupferberg, inzwischen einer der wichtigsten Mainzer Unternehmer, war 1873 Mitglied einer Mainzer Delegation, die in Berlin die Schleifung eines Teils der Mainzer Befestigungsanlagen erreichen wollte. Durch seine persönlichen Beziehungen zu Otto von Bismarck (er hatte während des Deutsch-Französischen Kriegs einige Tage im Hause Kupferberg ein „Bureau des Auswärtigen Amtes" eingerichtet) erhielt Kupferberg sogar eine Audienz beim Kaiser.

Kommunalpolitisch engagierte sich Kupferberg im Mainzer Gemeinderat, in der Stadtverwaltung und in der Handelskammer von Mainz. Mit seiner Frau Margarethe, geborene Klein, hatte Christian Adalbert Kupferberg acht Kinder. 1872 wurde das Unternehmen in eine Commandit-Gesellschaft auf Actien umgewandelt. Alleiniger Inhaber und Direktor war Christan Adalbert Kupferberg. Er starb am 9. August 1876 in Mainz. Seine letzte Ruhestätte fand er in der Familiengruft auf dem Mainzer Hauptfriedhof.

Im August 1870 hatte Bismarck hier sein „Bureau des Auswärtigen Amtes".

Das in den Jahren 1728 bis 1733 entstandene Adelspalais an der Großen Bleiche sollte, nachdem es 1737 von Graf Friedrich von Stadion-Thannhausen ersteigert wurde (daher der heute noch gebräuchliche Name „Stadioner Hof"), zum Wohnsitz der am 6. Dezember 1730 geborenen Biberacher Arzttochter Marie Sophie Gutermann werden. Ein Palais, das seinem Erbauer Lothar Franz von Rollingen durch den Kurfürsten Steuerfreiheit bescherte, diente es doch nach Ansicht des Landesherrn der „besonderen Zier und dem Ansehen der Stadt". Die streng pietistisch erzogene Sophie, die den größten Teil ihrer Kindheit in Augsburg verbracht hatte, heiratete 1753 einen illegitimen Sohn des Grafen Stadion, Georg Michael Franck. Dessen Mutter, die Tänzerin Catharina La Roche, hatte eine Affäre mit dem Grafen – 1719 wurde sie mit dem kurmainzischen Chirurgen und Senator Franck verheiratet, der jedoch zehn Tage nach der Geburt des Grafensohnes Georg Michael starb. Friedrich von Stadion nahm das Kind zu sich, sorgte für seine Erziehung und stellte ihn als seinen Privatsekretär ein. Georg Michael Franck, genannt La Roche wurde später Kanzler des Kurfürsten von Trier. 1753 heiratete er Marie Sophie Gutermann, die in den ersten sieben Jahren ihrer Ehe unter dem Namen **Sophie La Roche** im Stadioner Hof wohnte. Drei ihrer acht Kinder (Maximiliane 1756, Fritz 1757 und Luise 1759), von denen drei im Kindesalter starben, wurden hier geboren. Sophie La Roche, die eine für Frauen in dieser Zeit überaus hohe Bildung besaß, diente ihrem Schwiegervater, dem Grafen, nicht nur als Gesellschafterin, sondern auch als Übersetzerin und Vorleserin.

1761 allerdings fiel Graf von Stadion in Mainz in Ungnade und siedelte um auf sein Schloss Warthausen in Oberschwaben. Und als der Graf starb, wurde Georg Michael La Roche (so hatte es sein leiblicher Vater verfügt) Oberamtmann von Bönningen. Für Sophie La Roche hieß das das Ende eines Lebens am kurfürstlichen Hof – sie begann zu schreiben. Und schon ihr 1771 erschienener erster Roman, „Die Geschichte des Fräuleins von Sternheim" war ein gewaltiger Erfolg. Der Roman wurde sogar in mehrere Sprachen übersetzt. 1783/84 war Sophie La Roche Herausgeberin der ersten deutschen Frauenzeitschrift mit dem Titel „Pomona (Zeitschrift) für Teutschlands Töchter". Sophie La Roche, die durch ihre Tochter Maximiliane Großmutter von Bettina von Arnim und Clemens Brentano wurde, starb am 18. Februar 1807 in Offenbach. Sie ist an der Außenmauer der St. Pankratius-Kirche in Offenbach-Bürgel begraben.

Der Stadioner Hof diente von 1802 bis 1814 als französischer Justizpalast und zwischen 1816 und 1890 als Kommandatur der Vize-Militärgouverneure der Festung Mainz. Später ging das Gebäude in Privatbesitz über. Das barocke Treppenhaus wurde 1927 beseitigt. Im Zweiten Weltkrieg wurde das Gebäude erheblich beschädigt, doch ließ es die französischen Besatzungsmacht ab 1949 wieder aufbauen. Weder die beiden ursprünglichen Seitenflügel noch der ehemalige Ehrenhof sind erhalten. Heute ist im ehemaligen Stadioner Hof die Dresdner Bank untergebracht.

Lektüre-Tipp: Meise, Helga (Hrsg.): Sophie von La Roche – Lesebuch. Ulrike Helmer Verlag, Königstein/ Taunus 2006

Sieben Jahre diente der Stadioner Hof Sophie La Roche als Wohnung. Hier wurden drei ihrer acht Kinder geboren.

Nicht wenige Mainzer gedenken seiner in großer Hochachtung, wissen teilweise noch aus eigenem Erleben oder zumindest doch durch Überlieferungen, dass der 1889 in Rockenberg geborene **Pfarrer Franz Adam Landvogt** ein ganz besonderer Priester war. Einer, der um sich nie Aufhe-

bens machte, der hilfsbereit, selbstlos und überaus liebenswürdig vor allem Menschen half, die in Not geraten waren. Pfarrer Landvorgt, der zuletzt im Hause Domstraße 10 lebte, war von 1928 bis 1951 immer und überall für die Ärmsten da. Als die Weltwirtschaftskrise viele Mainzer in die Arbeitslosigkeit stürzte, war Landvogt Pfarrer von St. Christoph, linderte seelische und materielle Wunden nach Kräften.

Zusätzliche Aufgaben übernahm der stets zurückhaltende und in seinem Äußeren unauffällige Priester 1945/46 mit der Pfarrverwaltung von St. Emmeran und St. Peter. Die Mainzer waren durch Jahre des Krieges und der nationalsozialistischen Diktatur geprägt, hatten Familienangehörige verloren. Kriegsteilnehmer waren schwer traumatisiert. Ein Szenario, durch das Pfarrer Landvogt nachhaltig geprägt wurde.

Im „kalten Loch", der Domstraße, lebte Pfarrer Landvogt.

St. Martin, der Schutzheilige des Mainzer Doms, war für ihn Leitbild. Und so teilte er nicht nur Essen und Kleidung mit den Ärmsten, sondern verzichtete auch mehrfach zu ihren Gunsten auf eine eigene Wohnung.

Am 5. Oktober 1953 starb Pfarrer Franz Adam Landvogt im Alter von nur 64 Jahren. Seine letzte Ruhestätte fand er in der Krypta der Kirche St. Peter, die zu einem Wallfahrtsort wurde. Viele Gläubige erbitten Landvogts himmlische Fürsprache, und nicht wenige berichten von der Erhörung ihrer Gebete.

Zum 50. Todestag des hoch verehrten Geistlichen schuf der Mainzer Künstler Karlheinz Oswald eine Kopfplastik Landvogts, die in St. Peter aufgestellt wurde.

Der Mainzer Prälat Adam Gottron verfasste 1955 eine Schrift über das Wirken Landvogts. Und in den 1960er Jahren wurde darüber nachgdacht, eine für ein Heiligsprechungsverfahren notwendige Prüfung einzuleiten. Allerdings kam sie nie zustande, da der „Ruf der Wundertätigkeit" nicht eindeutig nachgewiesen werden konnte. Zudem hatte Pfarrer Landvogt selbst testamentarisch alles untersagt, was ein solches Verfahren hätte begünstigen können.

In seinem Geburtsort Rockenberg wurde 2007 eine Straße nach Pfarrer Landvogt benannt. In Mainz fuhrt der 1981 gegründete sozialkaritative Verein Pfarrer-Landvogt-Hilfe sein Werk fort.

In „seiner" Kirche St. Peter erinnert eine Gedenkstätte an ihn.

3.11.1796, Mainz – 6.4.1838, Mainz

Im Januar des Jahres 1838 war er einer der Mitbegründer des Mainzer Carneval Vereins – und noch heute wird des **Johann Friedrich (Fritz) Lennig** gleich zweifach in Mainz gedacht. Das Haus Markt 9, in dem Lennig am 3. November 1796 geboren wurde, ist nach dem rheinhessischen Dialektdichter „Lennighaus" benannt worden. Und in der Mainzer Neustadt trägt eine Straße seinen Namen.

Friedrich Lennig besuchte das Mainzer Gymnasium und den philosophischen Kursus des Bischöflichen Seminars. So vorbereitet auf den „Ernst des Lebens" und mit einer Ausbildung zum Kaufmann ging der junge Lennig nach St. Gallen, um dort zunächst in diesem Beruf zu arbeiten – dann aber schnell festzustellen, dass dies nicht seine eigentliche Berufung sei. Zudem fehlte ihm seine Heimatstadt. Vermutlich im Jahre 1818 kam Lennig zurück an den Rhein.

Der junge Mann war überaus begabt und gebildet. Er beherrschte die klassischen Sprachen, schrieb und sprach Englisch, Französisch und Italienisch. Seine Englischkenntnisse waren so exzellent, dass er „Das Lied des letzten Minnesängers" von Sir Walter Scott ins Deutsche übersetzte.

Der Sprachjongleur dichtete in reinstem Hochdeutsch, aber auch in rheinhessischer Mundart, die er durch zahllose Ausflüge ins Mainzer Umland näher kennenlernte. Vom Haus seiner Eltern aus, bei denen er lebte, hatte er nicht nur den direkten Blick auf den Wochenmarkt, sondern suchte auch den Kontakt zu Bauern und Händlern. Das kam seiner Dichtkunst zugute, in der er nicht nur

Johann Friedrich (Fritz) Lennig

oberflächlich die Sprache des von ihm immer wieder in seinen Gedichten verewigten Landvolks traf, sondern auch dessen Charaktere spiegelte. Er war Anfang 20, als er den Pegasus des dichtenden Satirikers sattelte. 1830 erschien sein Buch „Etwas zum Lachen". Aus seiner Feder stammt auch die Lokalposse „Die Weinprobe".

Friedrich Lennig wurde nur 41 Jahre alt. In Mainz grassierte das Typhusfieber. Ihm fiel der hochbegabte und geschätzte Poet am 6. April 1838 zum Opfer. Er wurde auf dem Mainzer Hauptfriedhof bestattet.

Aus seiner Wohnung im Hause Markt 9 hatte Lennig stets den Blick auf das bunte Markttreiben im Schatten des Doms.

**4.9.1809,
Mainz –
14.2.1893,
Mainz**

Das
Römisch-
Germanische
Zentralmu-
seum im Kur-
fürstlichen
Schloss ver-
dankt seine
Entstehung
Ludwig Lin-
denschmit.

Er gilt als Pionier der Urgeschichtsforschung und war nicht nur „Vater" des heutigen Römisch-Germanischen Zentralmuseums, sondern auch künstlerisch überaus erfolgreich als Historienmaler und Lithograph. **Ludwig Lindenschmit** (der Ältere) wurde am 4. September 1809 in Mainz geboren und starb dort am 14. Februar 1893. Über seine Wohnsitze gibt es viele Angaben – wohl nur eines der Häuser, in denen er lebte, steht heute noch. Ludwig Lindenschmit lebte in der Gaustraße und am Kästrich. Von hier verzog er kurz vor der Explosion des Pulverturms (18. November 1857). Danach werden seine Wohnanschriften präziser. Lindenschmit lebte im 2. Stock des Brauhauses zum Silberberg am Liebfrauenplatz (heute vermutlich Markt 31) – und als sein letzter Wohnsitz ist Schlossplatz 3 vermerkt. Hier, in der heutigen Kaiser-Friedrich-Straße, steht jetzt das rheinland-pfälzische Umweltministerium.

Lindenschmit stammte aus einer bekannten Künstlerfamilie. Sein Vater Johann (1771 bis 1845) war Stecher, Zeichner und Medailleur. Von ihm stammen die Darstellungen römischer und mittelalterlicher Bauten und Skulpturen aus Mainz. Und Lindenschmits Bruder Wilhelm ist jener Maler, der (assistiert von Ludwig Lindenschmit) die Fresken in Schloss Hohenschwangau schuf.

Nach dem Besuch des Mainzer Gymnasiums begann Ludwig Lindenschmitt 1824 eine künstlerische Ausbildung in Wien. Sein Bruder Wilhelm begleitete ihn dahin, genauso wie ein Jahr später nach München. Die Brüder studierten gemeinsam bis 1831 Malerei – dann kam Ludwig Lindenschmit zurück nach Mainz und war hier bis 1875 Zeichenlehrer an der Gewerbeschule und am Gymnasium. 1843 hatte der katholische Ludwig Lindenschmit in München Luise, die Schwester seiner Schwägerin, geheiratet. Luise schenkte ihm vier Söhne und zwei Töchter. Zwei der Kinder starben sehr früh.

Lindenschmit, der in seinen Werken vor allem Naturgeschichte, aber auch Themen aus der deutschen Sagenwelt und der deutschen Geschichte darstellte, schuf unter anderem den Entwurf zum Mainzer Gutenberg-Denkmal. 1841 gehörte Lindenschmit zu den Gründern des Mainzer Altertumsvereins, dessen Sammlung im Kurfürstlichen Schloss untergebracht wurde. Lindenschmit war Erster Konservator und zuständig für die Sammlung. Von 1863 bis zu seinem Tod im Jahre 1893 war Lin-

Büste Lin-
denschmits
im Römisch-
Germani-
schen Zen-
tralmuseum.

denschmit auch Vorsitzen-
der des Vereins. Im August
1852 tagte in Dresden die
„Versammlung deutscher
Geschichts- und Alter-
thumsforscher". Hier schlug
die Geburtsstunde des heutigen Römisch-Germani-
schen Zentralmuseums,
initiiert von Lindenschmit
als „Centralmuseum für
Vor- und Frühgeschichte
für germanische und römi-
sche Altertümer". Als das
Mainzer Museum 1855
kurz vor der Schließung
stand, bot das Germanische
Museum in Nürnberg Lin-
denschmit eine gut dotierte
Stelle als Direktor der Kunst-
und Altertumssammlungen an, doch Lindenschmit lehnte
ab. Er blieb aber von 1853 bis zu seiem Tod Mitglied des
Verwaltungsausschusses und (ab 1853) des Gelehrten-
ausschusses für Römisch-Deutsche Altertumskunde am
Germanischen Nationalmuseum Nürnberg. 1861 berief
Napoleon III. Lindenschmit als Berater für die Gründung des Musée des Antiquités Nationales in Saint-Ger-
mainen Laye. 1862 erhielt Lindenschmit die Ehrendok-
torwürde der Universität Basel. Bis 1872 blieb
Lindenschmit Zeichenlehrer in Mainz – dann konnte er
sich, nachdem das Deutsche Reich einen festen
Zuschuss gewährte, ganz der Leitung des Museums widmen. In seinen letzten Lebensjahren unterstützte ihn
dabei sein Sohn Ludwig. (Ludwig der Jüngere übernahm
nach dem Tod seines Vaters auch die Leitung des Museums.)
Lindenschmit stiftete seiner Heimatstadt 80 Einzelblätter
und Fragmente mittelalterlicher Handschriften, das Lan-

desmuseum Mainz bewahrt Lindenschmits Gemälde „Ritter mit seinen Knechten" auf. In der Mainzer Oberstadt trägt heute eine Straße Lindenschmits Namen. Beigesetzt wurde er auf dem Hauptfriedhof Mainz.

Vermutlich lebte Lindenschmit auch im Hause Markt 31.

30.10.1882, Mainz – 14.3.1941, Mainz

Politische Büttenreden haben in der Mainzer Fastnacht ein besonderes Gewicht. Unter dem Nazi-Regime bedurfte es besonderen Mutes, aus dem Eulenfass Narrenwahrheiten zu verkünden. Einer, der sich auch in dieser schwierigen Zeit nicht den Mund verbieten ließ, war **Martin Johann Mundo** (geboren am 30. Oktober 1882 in Mainz), der zu den prägenden Persönlichkeiten der Mainzer Fastnacht zählte. In der Zeit der Gleichschaltung durch die National-sozialisten nutzte Mundo, dessen bekanntestes Werk der

Er lebte im Haus mit der heutigen Bezeichnung Am Rathaus 6.

später durch Ernst Neger berühmt gemachte Schlager „Heile, heile Gänsje" (entstanden 1929) ist, geschickt die Rivalität zwischen SS und SA aus. So war 1938 Hermann Göring das Ziel eines Mundo-Vortrags. Mundo verglich Göring dabei mit einem Hering. Die SS war begeistert von den verbal geschliffenen Angriffen auf den SA-Führer.

Aber nicht immer konnten sich Fastnachter dem braunen Terror entziehen. So wurden Mundo und andere Mainzer Fastnachtsgrößen am Ende der Fastnachtskampagne 1935 in einem Mainzer Hotel inhaftiert. Zwar erschien um 11.11 Uhr der Gauleiter Jakob Sprenger, lud die Fastnachter zu einem Aschermittwoch-Frühstück ein und stellte alles als „Scherz" dar, doch durchsuchte die Polizei, während Martin Mundo inhaftiert war, dessen Wohnung. Mundos Ehefrau erlitt dabei einen Herzinfarkt…

Martin Mundo war Mainzer Weinhändler, bevor er 1916 eine noch heute existierende Likörfabrik gründete. Bevor durch eine notwenig gewordene Betriebserweiterung die Fabrikation auf die

Auf der Narrenbühne war eine seiner Glanzrollen die des „Schambes" in der „Familie Knorzel".

andere Rheinseite nach Mainz-Kostheim verlegt wurde, nutzte Mundo in der Mainzer Weißliliengasse Fabrikationsräume und -keller. Die von Mundo eingeführte Herstellung von Karamellsirup und Zuckercouleur (zunächst für den eigenen Bedarf) wurde in der mittlerweile 3. Generation so erfolgreich erweitert, dass die von Martin Mundo gegründete Firma heute zu den Marktführern auf diesem Gebiet zählt.

Martin Mundo, der am 14. März 1941 in Mainz verstarb, lebte im Hause Halleplatz 6, heute Am Rathaus 6. Sein Grab befindet sich auf dem Mainzer Hauptfriedhof.

14.1.1909,
Mainz –
15.1.1989,
Mainz

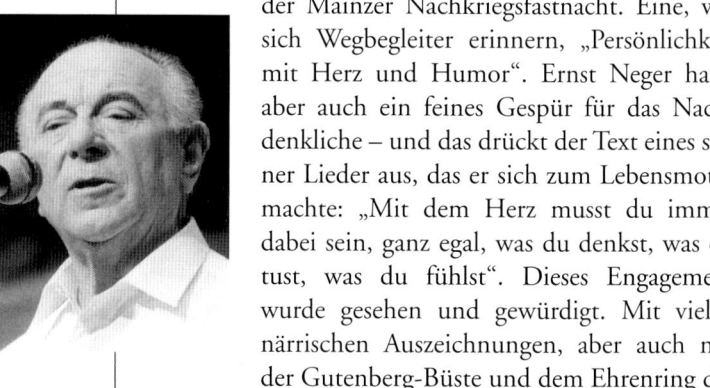

Am 15. Januar 1989, einen Tag nach seinem 80. Geburtstag, starb der Mainzer Volkssänger und Fastnachter **Ernst Neger**. Mit Liedern wie „Rucki Zucki" oder „Heile, heile Gänsje" ist er auch heute noch weit über Mainz hinaus populär. Er war einer der Repräsentanten der großen Zeit der Mainzer Nachkriegsfastnacht. Eine, wie sich Wegbegleiter erinnern, „Persönlichkeit mit Herz und Humor". Ernst Neger hatte aber auch ein feines Gespür für das Nachdenkliche – und das drückt der Text eines seiner Lieder aus, das er sich zum Lebensmotto machte: „Mit dem Herz musst du immer dabei sein, ganz egal, was du denkst, was du tust, was du fühlst". Dieses Engagement wurde gesehen und gewürdigt. Mit vielen närrischen Auszeichnungen, aber auch mit der Gutenberg-Büste und dem Ehrenring der Stadt Mainz. Mit dem Verdienstorden von Rheinland-Pfalz und mit dem Bundesverdienstkreuz.

Der in der Mainz-Bretzenheimer Faulhaberstraße geborene Ernst Neger war ein Hansdampf in vielen fastnachtlichen Gassen: Bei der Mainzer Prinzengarde engagierte er sich (als Generaloberst und Vizepräsident) ebenso wie auf der närrischen Rostra des Mainzer Carneval Vereins (MCV) und als „Scheierborzeler" auf der Bühne des Mainzer Stadttheaters (heute Staatstheater), das während der „höchsten Feiertage" zum „Hoftheater" wird. 16 Mal spielte Ernst Neger dort mit vom Publikum zumeist unbemerkter Textunsicherheit die Hauptrolle in Fastnachtspossen. Und in einer, „Hurra, mir erwe", schließlich sang er eines seiner schönsten Lieder, das von Martin Mundo getextete Vorkriegs-Kinderlied „Heile, heile Gänsje…". Viele Mainzer hatten Tränen der Rührung in den Augen, wenn er die 1947/48 von Georg Zimmer-Emden hinzugedichtete Strophe über die Kriegszerstörungen des alten Mainz sang – sie wurde zur „Mainz-Hymne" der Nachkriegszeit. Und es gab keine Fernsehsitzung, in der das „Gänsje" nicht gesungen wurde. Es war zu einer Art Seelenpflaster gewor-

den. Nicht nur für Mainz, sondern für die ganze Nation. Einschaltquoten von bis zu 90 Prozent bei „Mainz, wie es singt und lacht" machten Neger weit über die Grenzen der Republik hinaus bekannt. Sein offenes Auftreten und seine unverblümt herzliche Direktheit imponierten auch im Privatleben. Sohn Karl und Enkel Thomas haben sein fastnachtliches Erbe angetreten. Karl Neger als Prinzengarde-General und langjähriger Possenspieler, Thomas Neger als Sänger – auch von nach wie vor populären Liedern seines Opas.

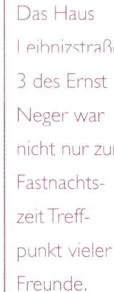

Das Haus Leibnizstraße 3 des Ernst Neger war nicht nur zur Fastnachtszeit Treffpunkt vieler Freunde.

Gemeinsam mit dem blinden Liederdichter und Komponisten Toni Hämmerle machte Neger Fastnachtslieder zu erfolgreichen Schlagern, die weit über die Grenzen von Mainz hinaus erfolgreich waren. Für den Titel „Winni Winni Wanna Wanna" erhielt er sogar eine „Goldene Schallplatte". Lieblingsschülerin Negers war die Fastnachtssängerin Margit Sponheimer.

Ernst Neger machte 15-jährig bei seinem Vater eine Dachdeckerlehre und übernahm später dessen Betrieb im Hause Leibnizstraße 3. Seinen letzten Bühnenauftritt hatte er 1984 zum 100-jährigen Bestehen der Mainzer Prinzengarde. Ernst Neger, der zu den 100 berühmtesten Rheinland-Pfälzern gehörte, fand seine letzte Ruhe auf dem Mainzer Hauptfriedhof.

21.6.1883, Mainz –

27.1.1973, München

Zu seinen Vorfahren gehört der burische Politiker und Gründer der Südafrikanischen Republik, der gebürtige Niederländer Andries Wilhelmus Jacobus Pretorius, dessen Sohn Marthinus Wessel Pretorius die Stadt Pretoria gründete und zu Ehren seines Vaters benannte. Am 21. Juni 1883 wurde **Emil Preetorius**, dessen Elternhaus die Kaiserstraße 42 war, geboren. Er sollte zu einem der bedeutendsten Bühnenbildner der ersten Hälfte des 20. Jahrhunderts werden.

Geboren wude Preetorius als Sohn des Geheimrats Dr. Karl Preetorius, der später hessischer Generalstaatsanwalt wurde. Seine Schwester Johanna, die in München den Schriftsteller und Verleger Georg Hirth heiratete, war beteiligt an der Herausgabe der zeitkritischen Zeitschrift „Jugend", die für eine ganze Stilrichtung nicht nur namensprägend war. Sein ein Jahr älterer Bruder Willy, ein Maler und Zeichner, wurde einer der gefragtesten Porträtisten Münchens. Er erfand die Ölgrafik. Zu seinen bekanntesten Porträts gehören die von Gerhart Hauptmann und Thomas Mann.

Vom Elternhaus des Emil Preetorius existiert im Mainzer Stadtarchiv lediglich noch die Architekturzeichnung.

Emil Preetorius besuchte zunächst das Gymnasium in Mainz, später das in Darmstadt und studierte anschließend Rechtswissenschaften und Kunstgeschichte in Gießen, wo er auch promovierte. 1909 wird der Sitz der Familie Preetorius in der Franz-Joseph-Straße in München genannt. Im selben Jahr gründete Emil Preetorius, der inzwischen seine ausgesprochene Liebe zur Kunst entdeckt hatte, zusammen mit dem Typografen und Grafikdesigner Paul Renner in München die Schule für Illustration und Buchgewerbe. 1910 wurde Preetorius, der trotz seines Kunststudiums als Maler und Zeichner eher Autodidakt war, Leiter der Münchner Lehrwerkstätten, 1926 Leiter einer Klasse für Illustration und einer Klasse für Bühnenbildkunst an der Münchner Akademie, ab 1928 war er Professor an der Hochschule für Bildende Künste in München. Für die Bayreuther Festspiele 1932 war Preetorius „szenischer Leiter". Seine Bühnenbilder zählen zu den bedeutendsten in den Werken Richard Wagners. Als „Judenfreund" denunziert, war Emil Preetorius 1942 kurzzeitig in der Haft der Gestapo – Hitler, der ihn zu den wichtigsten Bühnenbildnern zählte, veranlasste die Freilassung. Von 1953 bis 1968 war Preetorius Präsident der Bayerischen Akademie der Schönen Künste in München. Für seinen Freund Thomas Mann illustrierte Preetorius, der vom japanischen Holzschnitt beeinflusst war, dessen Werke „Herr und Hund" und „Bekenntnisse des Hochstaplers Felix Krull". Bekannt sind aber auch weitere Grafiken, Plakate und Buchillustrationen. Preetorius starb am 27. Januar 1973 in München. Sein Grab befindet sich auf dem Bogenhausener Friedhof.

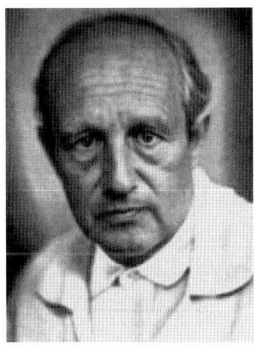

Lektüre-Tipp: Walter Heist u.a.: Emil Preetorius: Grafiker, Bühnenbildner, Sammler. Mainz: Krach, 1976. (Kleine Mainzer Bücherei; Bd.10).

**11.11.1799, Dijon –
11.11.1844, unbekannt**

Dass er Gerechtigkeit, Menschlichkeit und politische Freiheit liebte, wird ihm zwar nachgesagt, aber dennoch hat sich der französische Stadtkommandant, Gouverneur **Jean Baptist Ricembeau** nicht als großer Politiker in die Annalen der Stadt Mainz eingeschrieben. Als elftes Kind eines Hutmachers in Dijon geboren, war dem jungen Jean Baptist versagt, der Familientradition zu folgen. Einer seiner Vorfahren väterlicherseits fertigte bereits die an phygrische Mützen erinnernde Jakobiner-Mütze an, die noch heute in abgewandelter Form von Schlümpfen und Mainzelmännchen getragen wird. Auch in den Wappen amerikanischer Staaten, die im Gefolge der Franzsischen Revolution und zur Zeit Napoleons unabhängig wurden, ist sie zu finden. Allerdings vermisst man beispielsweise im Bundesstaat New York den Hinweis auf den Erfinder Ricembeau. Lediglich auf einigen Darstellungen der französischen „Marianne" ist ein „R" zu finden, das nicht selten als „Republique" oder „Revolution" fehlgedeutet wird.

Jean Baptist Ricembeau, schon in der Lehre gescheitert, weil die von ihm gefertigten Mützen mit der Spitze nach hinten zeigten, absolvierte stattdessen eine politische Ausbildung. Er war Bürgermeister, Wahlhelfer und Besitzer einer vierspännigen Kutsche, mit der er in den ersten Novembertagen des Jahres 1835 nach Mainz kam. Ricembeau bewarb sich im Osteiner Hof, der 1749 von Johannes Valentin Thomann für den Kurmainzer Oberamtmann Franz Wolfgang Damian von Ostein, einen Bruder des Mainzer Kurfürsten Johann Friedrich Karl von Ostein, errichtet worden war, um die gerade vakante Stelle des Gouverneurs. Am 11. November 1835 wurde Ricembeau in das Amt eingeführt. Im großen ovalen Saal im ersten Obergeschoss wurde Ende der 1950er Jahre hinter einer alten Tapete ein von Riceambeau handgeschriebener Zettel mit der Aufschrift „Je ne regrette rien" („Ich bereue nichts") gefunden. Der historisch wertvolle Text wurde 1960 von der französischen Chansonsängerin Edith Piaf vertont.

Zu trauriger Berühmtheit gelangte Ricembeau im Februar 1836, als er den Mainzern per Dekret verbat, die Fastnacht auf dem Thiermarkt, dem heutigen Schillerplatz, an dessen Ende der Osteiner Hof, den Ricembeau „Gouvernement" nannte, liegt, zu feiern. Seine Begründung: der Lärm schade der Migräne seiner Vertrauten, der Ur-Mainzerin Eulalia Ruckelsberger und seiner nach einer durchzechten Nacht angeschlagenen Gesundheit. Einem „Ondit" zufolge zogen die Mainzer Narren daraufhin ungeordnet vor das Gouvernement und riefen: „Ricembeau, Ricembeau, morgen fängt die Fastnacht an!" Nach etwa elf Stunden „und ebenso vielen Fudern Weynes und anderer Alcoholica" soll sich der Ruf in ein kaum mehr verständliches „Ritzamboo, Ritzamboo, morje fängt die Fassenacht oo" gewandelt haben. Während die Fastnacht 1836 wohl in der Tat wegen Migräne und „Kater" nicht gefeiert werden konnte, trat im folgenden Jahr ein Mainzer Bürger namens Kertell (s. dort) auf den Plan, gründete die Mainzer Ranzengarde und sicherte damit den Siegeszug der Mainzer Fastnacht. Unsichere Quellen behaupten, dass „Schambes" Ricembeau später in aller Heimlichkeit jeweils am „Elften im Elften" eines jeden Jahres vom Balkon des Osteiner Hofes aus einem gewissen „Gott Jokus" gehuldigt haben soll.

Während in der „fünften Jahreszeit", wie die Fastnacht in Mainz auch genannt wird, nach wie vor das „Ritzamboo…" erklingt, wurde, so berichten nicht mehr auffindbare Chroniken, „Schambes" Ricembeau dahin versetzt, wohin er gehört – ins Reich der Mainzer Mythen und Märchen.

P.S. Einen Mainzer Gouverneur namens Ricembeau (oder ähnlich) hat es in der Tat niemals gegeben. Die Herkunft des Fastnachtsliedes „Ritzamboo…" bleibt also weiter im Dunkeln.

Zu dem Mainzer Legenden zählt, dass im „Gouvernement" am Schillerplatz ein Stadtkommandant Ricembeau die Fastnacht habe verbieten wollen …

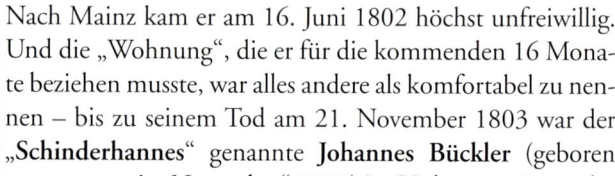

**Herbst 1779,
Miehlen –
21.11.1803,
Mainz**

Nach Mainz kam er am 16. Juni 1802 höchst unfreiwillig. Und die „Wohnung", die er für die kommenden 16 Monate beziehen musste, war alles andere als komfortabel zu nennen – bis zu seinem Tod am 21. November 1803 war der „**Schinderhannes**" genannte **Johannes Bückler** (geboren „im November" 1779) im Holzturm, einem der drei verbliebenen mittelalterlichen Stadt- und Wachtürme an der Rheinstraße, inhaftiert. Hier lernte er auch wohl noch seinen Sohn Franz Wilhelm kennen, der am 1. Oktober 1802 im Holzturm von Bücklers Geliebter Julchen Blasius zur Welt gebracht wurde (direkte Nachfahren des Bückler-Sohnes leben heute im Taunus). Julchen Blasius hatte eine zweijährige Zuchthausstrafe zu verbüßen.

Bücklers Kooperationsbereitschaft und Aussagefreudigkeit nützte ihm nicht – das Urteil gegen ihn stand bereits vor Beginn der Hauptverhandlung fest. Mitglieder des Gerichts, das vom 24. Oktober 1803 an unter Vorsitz des damaligen Präsidenten des Mainzer Kriminalgerichts, Georg Friedrich Rebmann, tagte, hatten zu diesem Zeitpunkt bereits Bekannte und Freunde eingeladen zur Hinrichtung am 21. November 1803. Allein die Verlesung der Anklageschrift im Akademiesaal des Kurfürstlichen Schlosses (heute Übertragungsort der Fernsehfastnacht) gegen Bückler und seine Komplizen dauerte eineinhalb Tage. Die Gesetzeslage war klar: Für bewaffnete Einbrüche war die Todesstrafe vorgesehen. Das Urteil gegen den „Schinderhannes" und 19 seiner Kumpane wurde am 20. November 1803 verkündet: Tod durch das Fallbeil. Tags drauf wurden die Verurteilten in fünf offenen Wagen zum Richtplatz gekarrt. Im heutigen Rosengarten des Stadtparks sollen einige im Kreis gepflanzte Bäume den Ort bezeichnen, an dem die Guillotine gestanden haben soll. Innerhalb von 24 Minuten seien, so notierten zeitgenössische Chronisten, alle 20 Särge gefüllt gewesen… Makabre Begleiterscheinung: Unter dem Fallbeil und in einer nahen Hütte untersuchten Mainzer Universitätsprofesso-

Lektüre-
Tipp:
Peter Bayerlein: Schinderhannes-Chronik. Von Miehlen bis Mainz; Mainz-Kostheim: Probst, 2003

ren und Wissenschaftler einer „Medizinischen Privatgesell-
schaft zu Mainz" mit galvanischen und elektrischen Expe-
rimenten, ob in den voneinander getrennten Köpfen und
Rümpfen nicht doch noch Leben nachzuweisen sei.

1983 formierte sich in
Mainz eine als Jux gedachte
„Schinderhannes-Initiative",
marschierte am Todestag
Bücklers mit Fackeln durch
Mainz und forderte die
Rückführung des mutmaß-
lichen Schinderhannes-Ske-
letts aus der Heidelberger
Anatomie, wohin es zwi-
schenzeitlich gelangt war.
Die Initiative geriet den
Urhebern völlig außer Kon-
trolle: Oberbürgermeister
Jockel Fuchs drohte in
ARD und ZDF mit der
Absage der Mainzer Fern-
sehfastnacht, sollten die
Heidelberger das Skelett

nicht zurückgeben. Ein Bestattungsunternehmen bot
sogar die „fachmännische und kostenlose Überführung"
an, und Bürger forderten, die Knochen zu kaufen und eine
Schinderhannes-Gedenkstätte einzurichten. Zwischen
Wissenschaftlern entbrannte ein Streit um die Echtheit des
Bückler-Skeletts. Der Mainzer Historiker Franz Dumont
vertritt die These, dass der echte Schinderhannes-Schädel
um 1840 an einen Anatomen aus Frankfurt verliehen und
nie zurückgegeben worden sei. Jüngste Schlagzeilen machte der Kelkheimer Rechtshistoriker Dr. Mark Scheibe im
September 2008, als er angab, den Schädel des berühmt-
berüchtigten Schinderhannes gefunden zu haben. Der zu
Unrecht als „Robin Hood des Hunsrück" bezeichnete Seri-
enstraftäter macht auch heute noch von sich reden. Nicht
nur auf Theaterbühnen.

Unfreiwillig „wohnte" der Schinderhannes 16 Monate im Holzturm.

1607 –
4.11.1668

Dass die Grafen von Schönborn sich eines großen wirtschaftlichen Erfolgs erfreuen durften, führen Historiker zurück auf **Philipp Erwein von Schönborn zu Freienfels-Eschbach** (1607 bis 4. November 1668), den Sohn des Kölner Domkantors Friedrich Georg von Schönborn (gestorben 1640) und dessen Frau Maria Barbara von der Leyen. Schönborns Bruder war der Mainzer Erzbischof Johann Philipp von Schönborn, durch den er außerordentlich gefördert wurde: Der Erzbischof setzte seinen Bruder

als kurmainzischen Oberamtmann zu Steinheim, zum Erbschenken des Erzstiftes Mainz und zum Erbtruchsess des Hochstifts Würzburg ein. Kaiser Leopold I. gewährte Philipp Erwein weitere Privilegien, machte ihn unter anderem zum Reichshofrat und zum kurmainzischen Geheimen Rat. Durch Erbschaften, Ankäufe und Lehen erwarb Philipp Erwein Ländereien und Güter zu beiden Seiten des Rheins, am Main, im Taunus und in der Wetterau. Eines seiner zwölf Kinder aus der Ehe mit Maria Ursula Greiffenclau-Vollraths war Lothar Franz von Schönborn, der spätere Mainzer Erzbischof.

Von 1668 bis 1670 ließ Philipp Erwein als Bauherr am nordwestlichen Ende des damaligen Thiermarkts (heute Schillerplatz) im Stil des Barock den Schönborner Hof als Mainzer Stadtresidenz errichten, deren Fertigstellung er aber nicht mehr erlebte.

Der „Schönbornsche Garten", eine ausgedehnte barocke Gartenanlage, erstreckte sich über das gesamte Gelände des heutigen großen Platzes und des Proviantmagazins. Im Proviantmagazin sind heute von Archäologen im Jahre 2002 geborgene Reste einer Brunnenanlage zu sehen.

**Philipp Erwein von Schönborn
zu Freienfels-Eschbach**

Erste Erweiterungen wurden 1706 und 1773 (Ergänzung durch das „Wichernhaus", heute Landeshochschulkasse) durchgeführt, 1798 wurde der Schönborner Hof Kaserne und Hospital der französischen Besatzer, im 19. Jahrhundert Offizierskasino. Seit 1946 beherbergt der Schönborner Hof ein französisches Studienzentrum (Maison des France) und Einrichtungen der Mainzer Universität.

Der Schönborner Hof und das Wappen derer von Schönborn.

**29.3.1891,
Jena –
24.7.1989,
Mainz-
Gonsen-
heim**

Man schreibt das Jahr 1885. Otto Schott gründet mit Ernst Abbe und Carl Zeiss die Jenaer Glaswerke Schott und Genossen. Sechs Jahre später, am 29. März 1891, schenkt Catharina Schott ihrem Mann Otto in Jena den

gemeinsamen Sohn Erich. Fabrikhallen und Labore werden die „Spielplätze" des kleinen Erich – doch echtes Interesse am Unternehmen seines Vaters hat er zunächst nicht. **Erich Schott** will nach seinen Physik- und Chemiestudien eigentlich in die universitäre Forschung gehen. Doch dann kommt der Erste Weltkrieg. Erich Schott muss zwei Jahre die Uniform tragen, einer Erkrankung folgt die Abkommandierung zu einer Forschungsstelle für Funkgeräte in Berlin und Jena. Dann ändert der Kriegstod des älteren Bruders Rolf, der für die Unternehmensleitung vorgesehen war, die Lebensplanung des Erich Schott.

Erich Schott besichtigt das Baugelände für die Glaswerke.

1917 tritt der 26-Jährige als wissenschaftlicher Mitarbeiter in das Jenaer Glaswerk ein. Als er 1921 in Jena die Doktorwürde erlangt, ist längst klar, dass er seinen beruflichen Lebenstraum hat begraben müssen. 1927 schließlich wird Dr. Erich Schott Nachfolger seines Vaters Otto in der Geschäftsleitung des Unternehmens. Mit großer Hingabe widmet er sich neuen Geschäftsfeldern. So zum Beispiel der Entwicklung

hitzebeständiger Hauswirtschaftsgläser. Die Marke „Jenaer Glas" wird schon bald zum Begriff in wohl jedem deutschen Haushalt. Und mit dem Bauhauskünstler Wilhelm Wagenfeld nimmt Erich Schott einen hervorragenden Designer unter Vertrag.

Dann der Zweite Weltkrieg. An dessen Ende steht der Einmarsch amerikanischer Truppen nach Jena – und auf Befehl der amerikanischen Militärregierung führt Erich Schott den „Zug der 41 Glasmacher" (die gesamte Geschäftsleitung und ausgewählte

Spezialisten) von Jena in den Westen Deutschlands. 1950 fällt er eine Entscheidung, die bis heute Auswirkungen hat: Der neue Standort des Unternehmens soll Mainz werden. Die Stadt überzeugt als Universitätsstandort und durch ihre Lage im Rhein-Main-Gebiet. Erich Schott geht mit der Zeit, die den Fernseher in bundesdeutsche Wohnstuben bringt – er lässt Fernsehkolben und Mattscheiben produzieren. Und Erich Schott richtet sich international aus. Bereits 1954 wird im brasilianischen Rio de Janeiro die erste Schott-Produktionsstätte eröffnet. Schnell folgen Vertriebsgesellschaften in Europa, Japan und den USA. Erich Schott erwirbt sich seinen Ruf als einer der Pioniere des deutschen Wirtschaftswunders.

1968 zieht sich der 77-jährige Erich Schott aus dem Geschäftsleben zurück. 1989 verleiht die Stadt Mainz dem im Stadtteil Gonsenheim (An der Feilkirsch 10) lebenden Dr. Erich Schott die Ehrenbürgerwürde. Im Alter von 98 Jahren stirbt Schott am 24. Juli 1989. Auf dem Waldfriedhof Mombach findet er seine letzte Ruhe.

In Gonsenheim lebte der erfolgreiche „Glasmacher".

30.7.1811, Mainz – 8.5.1874, Mailand

Den Grundstein hatte sein Großvater, Bernhard Schott, im Jahre 1780 gelegt, als der studierte Bäckersohn aus Eltville im Weihergarten in Mainz seinen Musikverlag gründete, der später den Namen B. Schott's Söhne tragen sollte. **Franz Philipp Schott**, der am 30. Juli 1811 in Mainz geboren wurde, setzte die Familientradition fort und war ab 1855 alleiniger Inhaber des Verlags, der heute Schott Music heißt. Ein Meilenstein in der Verlagsgeschichte war seine enge Zusammenarbeit mit Richard Wagner.

Franz Schott und seine Frau Betty, eine geborene von Braunrasch, zeigten sich als überaus großzügige Menschen. So kam die Errichtung des Schillerdenkmals durch eine bedeutende Spende der Schotts zustande. Durch ihre Stiftung wurden Gründung und Unterhaltung eines ständigen Orchesters

Im Weihergarten setzte Franz Philipp Schott die Familientradition des Musikverlags fort.

in Mainz möglich. Das Haus „Schottenhof" in der Gaustraße zeugt noch heute von der Freigiebigkeit und vom Mäzenatentum des Ehepaars. Im Hanggelände oberhalb der Hans-Zöller-Straße im heutigen Stadtteil Mainz-Laubenheim baute Schott die „Villa Schott" – ein beliebter Treppunkt von Komponisten wie Richard Wagner, dessen Wesendonck-Lieder hier erstmals zu hören waren, Franz Liszt und Engelbert Humperdinck. 1968 wurde die Villa unter Denkmalschutz gestellt.

Von Januar 1865 bis Januar 1871 war Franz Schott auch Mainzer Bürgermeister. Nach dem preußisch-österreichischen Krieg (1866) verließen die Österreicher die Stadt. Das Schicksal der Bundesfestung Mainz bestimmte das

preußische Militär. An das appellierte Schott, um die durch den Festungsgürtel „eingeschnürte" Stadt um die heutige Neustadt erweitern zu können. Am 4. April 1866 entschied sich der Stadtrat bereits für einen Entwurf von Eduard Kreyßig – bis er umgesetzt werden konnte, musste man allerdings bis nach dem Deutsch-Französischen Krieg (1870/71) warten.

Kommerzienrat Franz Schott, nach dem die Schottstraße am Mainzer Hauptbahnhof benannt wurde, starb am 8. Mai 1874 in Mailand. Seine letzte Ruhestätte fand Franz Schott auf dem Mainzer Hauptfriedhof. Der Musikverlag ging an die Familie Strecker über.

Das „Wagner-Zimmer" erinnert dort an zahlreiche Begegnungen mit dem Komponisten.

**19.11.1900,
Mainz –
1.6.1983,
Berlin**

Die Mutter, Hedwig Fuld, entstammte einer angesehenen Frankfurter Kaufmannsfamilie, der Vater, Isidor Reiling, war Inhaber einer Kunst- und Antiquitätenhandlung am Flachsmarkt. Sie selbst, die am 19. November 1900 in Mainz geborene Netty Reiling, sollte später als Schriftstellerin unter ihrem Künstlernamen **Anna Seghers** zu Weltruhm gelangen. An ihrem Geburtshaus Parcusstraße 5 erinnert heute eine Bronzeplakette an Anna Seghers.

Siebenjährig besuchte Netty Reiling die Privatschule des Fräulein Goertz. Und kaum konnte sie lesen, gehörte auch zu ihrer Lektüre das im orthodoxen jüdischen Haushalt der Reilings meistgelesene Buch – die Lutherbibel. 1910 wechselte Netty Reiling in die Höhere Mädchenschule in der Peterstraße, das heutige Frauenlobgymnasium. Vier Jahre später begann der Erste Weltkrieg. Die 14-Jährige beteiligte sich mit ihren Mitschülerinnen an Kriegshilfsdiensten. Erst 1917 konnte sich Anna Seghers wieder intensiver ihrer schulischen Ausbildung widmen und besuchte von Ostern an die Großherzogliche Studienanstalt, an der sie am 5. Februar 1920 ihr Abitur-Zeugnis erhielt.

Wenige Wochen später, am 20. April, war Netty Reiling Studentin. An der Universität Heidelberg schrieb sie sich ein für Kunstgeschichte, Geschichte und Sinologie. Und: In Heidelberg lernte sie ihren späteren Ehemann, den ungarischen Soziologen Laszlo Radvanyi, kennen.

Der Abstecher zu kunstgeschichtlichen Studien nach Köln war kurz, schon zum Wintersemester 1921 kehrte Netty Reiling nach Heidelberg zurück, wo sie 1924 zum Dr. phil. promoviert wurde. In ihrer Dissertation schrieb sie über „Jude und Judentum im Werk Rembrandts". Im selben Jahr erschien auch die von ihr unter dem Pseudonym Antje Seghers (nach dem niederländischen Maler und Radierer Hercules Seghers) nacherzählte holländische Sage „Die Toten auf der Insel Djal". Laszlo Radvanyi war inzwischen in Berlin in der Bildungsarbeit der Marxistischen Arbeiterschule

Lektüre-
Tipp:
Walter Fähnders & Helga Karrenbrock (Hg.): Autorinnen der Weimarer Republik. Bielefeld 2003

eingebunden. Netty Reiling folgte ihm in die Reichshaupt-stadt und heiratete ihn am 10. August 1925. Das junge Paar wohnte im Stadtteil Wilmersdorf. Ein Jahr später kam Sohn Peter zur Welt, 1928 wurde Tochter Ruth geboren. Anna Seghers trat der KPD bei und flüchtete 1933, als Hit-ler Reichkanzler wurde, zunächst in die Schweiz, kam dann mit ihrer Familie bei Paris unter. Die Flucht vor den Nationalsozialisten führte schließlich bis nach Mexiko (1941). 1940, zwei Tage nach dem von den Nationalsozialis-ten erzwungenen Verkauf von Geschäft und Haus, starb Isi-dor Reiling, der Vater der Anna Seghers. Sie bemühte sich, ihre Mutter aus Deutschland ausreisen zu lassen – ohne Erfolg. Neben anderen Bekannten und Verwandten stand ihr Name auf der Liste der tausend hessischen Jüdinnen und Juden, die für den Trans-port in das „Generalgouverne-ment" bestimmt waren.

In diesem Haus kam Netty Reiling als Tochter des Antiqui-tätenhändlers Isidor Reiling zur Welt. Eine Bronze-plakette ehrt die Autorin „Anna Se-ghers".

Erst 1947 kehrte Anna Seg-hers, längst eine gefeierte und erfolgreiche Schriftstellerin, zurück nach Berlin. 1955 bezog sie dort, in der dama-ligen DDR, im Hause Volks-wohlstraße 81 eine Wohnung und blieb dort bis zu ihrem Tod wohnen (heute befindet sich dort die Seghers-Gedenkstätte). Erst nach teil-weise überaus emotional geführten Diskussionen ver-lieh die Stadt Mainz der kommunistischen Schriftstellerin 1981 die Ehrenbürger-würde. Am 1. Juni 1983, fünf Jahre nach ihrem Mann, starb Anna Seghers. Sie wurde auf dem Dorotheenstädti-schen Friedhof (Berlin-Mitte) beigesetzt. Mainz ehrte sie posthum nochmals – diesmal mit der Benennung der öffentlichen Bücherei mit dem Namen Anna Seghers.

28.1.1755, Thorn –

2.3.1830, Frankfurt

Tür an Tür mit Georg Forster lebte Sömmering in den „Professorenhäusern" in der Neuen Universitätsstraße.

Seine 13 Mainzer Jahren sollten später als seine fruchtbarsten bezeichnet werden. **Samuel Thomas Sömmering,** der am 18. Januar 1755 in Thorn im heutigen Polen geborene Wissenschaftler, lehrte von 1784 bis 1797 als Professor für Anatomie und Physiologie an der Mainzer Hochschule. Keinem Geringeren als Kurfürst Friedrich Karl Joseph von Erthal war es gelungen, den hoch angesehenen Wissenschaftler vom Kasseler Collegium Carolinum „abzuwerben". Dabei bedurfte es einiger Überredungskünste, denn der protestantische Sömmering hatte durchaus seine Bedenken gegen den katholisch geprägten Kurstaat. Und auch die Arbeitsbedingungen waren zunächst nicht so, wie sie sich Sömmering erhofft hätte: Die Anatomie der Universität war im Kreuzgang des Altmünster-Klosters untergebracht.

Einen Steinwurf entfernt, in den 1793 gebauten „Professorenhäusern", lebte Georg Forster (s. Eintrag), der berühmte Weltumsegler, Naturforscher und Geograf, mit dem Sömmering eng befreundet war. Hier, in der Neuen Universitätsstraße, fand auch Sömmering 1796 eine Wohnung. Von hier aus korrespondierte er mit der geistigen Elite oder hatte sie, wie beispielsweise Goethe (s. Eintrag), zu Gast. Wenn Sömmering Vorlesungen hielt, wurden sie nicht nur von Mainzer Studierenden besucht. In Mainz begann Sömmering sein

Hauptwerk unter dem Titel „Vom Bau des menschlichen Körpers", er schrieb über „Die Schädlichkeit der Schnürbrüste" ebenso wie er durch seine „Abbildungen der menschlichen Sinnesorgane" für lange Zeit ein Standardwerk für Mediziner auf den Markt brachte. 1788 wurde Sömmering Hofrat und Leibarzt sowie (in London) Freimaurer. 1791 entdeckte Sömmering den „gelben Fleck" in der Augennetzhaut, beschrieb als erster Mediziner (1795) einen Zusammenhang zwischen Pfeifenrauchen und der Entstehung von Unterlippenkrebs …

Ab Herbst 1792 allerdings (es war die Zeit der „Mainzer Republik") büßte Mainz mehr und mehr seinen guten Ruf als Stadt der Medizin ein. Der Krieg in der Folge der Französischen Revolution ließ den Betrieb der Universität zum Erliegen kommen. Sömmering, der inzwischen in Frankfurt eine Familie gegründet und eine Arztpraxis eröffnet hatte, gab 1797 seinen Mainzer Lehrstuhl auf. 1805 folgte er dem Ruf an die Akademie der Wissenschaften in München, wurde in den Adelsstand erhoben und kehrte 1820 zurück nach Frankfurt. Hier starb der Anatom, Anthropologe, Paläontologe und Erfinder am 2. März 1830. In der Mainzer Neustadt sind eine Straße und ein Platz nach ihm benannt.

Lektüre-Tipp:
Rolf Siemon: Samuel Thomas Soemmerring (1755-1830). Schriften des Westpreußischen Landesmuseum (71). Westpreußisches Landesmuseum 2004.

25.2.1749, Montauban – 10.12.1813, Mainz

Liebevoll-spöttisch nannten ihn die Mainzer den „Schinkenandré" in Verballhornung seines Namens Jeanbon in Jambon (= Schinken). Der am 25. Februar 1749 im südfranzösischen Montauban geborene Baron **Jeanbon de St. André**, der am 10. Dezember 1813 in Mainz an Typhus starb, ist den Mainzern, die ihm ein Ehrengrab auf dem von ihm angelegten Hauptfriedhof bereiteten (heute ist auch eine Straße am Hauptfriedhof nach ihm benannt), in dankbarer Erinnerung. Mainz hat den ersten und einzigen französischen Präfekten des Départements du Mont-Tonnerre (Donnersberg) nicht vergessen. Nachdem St. André 1801 zum Generalkommissar der vier links-rheinischen Départements berufen worden war, wurde er im Februar 1802 Präfekt in Mainz und bezog den Erthaler Hof, heute Sitz der Generaldirektion Kulturelles Erbe an der Schillerstraße.

Zunächst machte sich der Franzose, der sich glänzend mit Napoleon verstand (er verlieh dem „Musterbeispiel eines Präfekten" 1809 den Titel eines Barons), recht unbeliebt bei den Mainzern. Denn: Er wollte den beim Beschuss durch preußische Truppen 1793 stark beschädigten Dom abreißen lassen. Aus dem war inzwischen ein Magazin geworden, dessen restliches Inventar 1801 versteigert wurde. Besondere Verdienste um die Rettung des Mainzer Doms erwarb sich in dieser Zeit Bischof Josef Ludwig Colmar (s. Eintrag). Der stets bescheiden auftretende Präfekt nahm die Mainzer Bevölkerung indes schnell für sich ein. So kümmerte er sich um Arme und Kranke und um das Schulwesen in Mainz. Gemeinsam mit Bürgermeister Franz Konrad Macké setzte sich St. André nach dem Zusammenbruch des Handels nach Ende des Kurfürstentums erfolgreich für die Gründung einer Handelskammer und die Einrichtung eines Freihafens ein. Im Jahre 1802 ermöglichte der Präfekt den Mainzer Protestanten, erstmals wieder einen Gottesdienst zu feiern, und überließ ihnen die Altmünsterkirche (Münsterstraße). 36 Gemälde, die aufgrund einer direkten Anweisung Napoleons den Bürgern übergeben wurden, wurden 1803 zum Grundstock für das heutige Landesmuseum (Große Bleiche). 1805 wurde die gesamte Bibliothek der 1798 aufgelösten Universität an die Mainzer Bürger übergeben – es war die Geburtsstunde der heutigen Stadtbibliothek.

Da die Bestattung von Toten innerhalb der Stadt mehr und mehr zu hygienischen Problemen führte, wies St. André die Stadt an, Gelände des ehemaligen Dalheimer Klosters anzukaufen. 1803 wurde der heutige Hauptfriedhof eingeweiht. Seine Verdienste um den Straßenbau sind noch heute sichtbar: Das „Pariser Tor" in der Oberstadt weist auf die direkte Straßenverbindung nach Paris hin, die auf Initiative von St. André gebaut wurde.

Als die Soldaten der geschlagenen französischen Armee 1813 nach Mainz strömten, schleppten sie Typhus ein. Rund 16 000 Soldaten und 2500 Mainzer (die Stadt hatte damals etwa 25 000 Einwohner) sollen der Seuche zum Opfer gefallen sein. Jeanbon de St. André, der sich aufopferungsvoll um Kranke, Verwundete und Sterbende kümmerte, wurde nicht verschont. Den französischen Text auf seinem Grabstein verfasste Friedrich Lehne, Professor der Schönen Wissenschaften in Mainz, der später als Stadtoberbibliothekar, Zeitungsverleger und Geschichtsforscher tätig war. Seine Sammlungen bildeten den Grundstock des Mainzer Altertummuseums (heute Landesmuseum).

Der Erthaler Hof in der Schillerstraße ist heute Domizil der Generaldirektion Kulturelles Erbe (GDKE). Im Treppenaufgang erinnert eine Büste an Jeanbon de St. André.

**22.2.1902,
Boppard –
22.4.1980,
Mainz**

Wenn im Zusammenhang mit der Entdeckung der Kern-spaltung der Name Otto Hahn genannt wird, der für diese Arbeit 1944 mit dem Nobelpreis für Chemie geehrt wurde, so wird nicht selten Hahns Mitforscher **Fritz Straß-mann** „unterschlagen". Und doch ist Straßmann, der am 22. Februar 1902 in Boppard geboren und auf den Namen Friedrich-Wilhelm getauft wurde und ab 1946 Direktor des neuen Instituts für physikalische Chemie in Mainz war, einer der „Väter" der Kernspaltung, die am Kaiser-Wilhelm-Institut (KWI) in Berlin-Dahlem entdeckt wurde. Straßmann war sich der Gefahren, die von seiner Entdeckung ausgehen können, durchaus bewusst. Er unterzeichnete „Das Göttinger Manifest der 18 Atomwis-senschaftler vom 12. April 1957", in dem sie sich für den Verzicht der Bundesrepublik Deutschland auf den Besitz von Atomwaffen jeder Art aussprachen, um den Weltfrie-den zu fördern und zu schützen. Die Wissenschaftler erklärten in dem Manifest ausdrücklich, sich weder an der Herstellung, der Erprobung oder dem Einsatz solcher Waf-fen zu beteiligen.

Nach Kriegszerstörungen 1944 wurde das KWI nach Tailfingen in Baden-Württem-berg verlegt. Die Unterbringungsmöglich-keiten waren überaus beschränkt, und so wurde im Mai 1946 als neuer Standort Mainz gewählt. Dort sollte die Universität neu gegründet werden. Man versprach sich eine Aufwertung durch das Institut. Schon im Juni führte Straßmann erste Gespräche mit dem Gründungsrektor der Mainzer Universität, Josef Schmid. Erster Direktor des KWI in Mainz war Josef Mattauch, zum zweiten Direktor wurde 1950 Fritz Straßmann, der die radiochemische Abteilung leitete, ernannt. Bedingt durch die Krankheit Mattauchs musste Straßmann allerdings zwischen 1946 und 1951 auch des-sen Arbeit übernehmen. Der Neubau des KWI auf dem Mainzer Campus stand unter der Leitung Straßmanns. Da

Dort, wo
Fritz Straß-
mann wohn-
te, erstreckt
sich heute
ein Parkplatz,
der so
genannte
Juxplatz.

Straßmann, der seit Juli 1946 auch noch den im Aufbau
befindlichen Lehrstuhl für Anorganische Chemie innehatte,
zwischen Tailfingen und Mainz pendeln musste, bewillig-
ten ihm die französischen Behörden Ende 1947 den Kauf
eines privaten Autos. Im Sommer 1949 folgten ihm seine
Frau, die Chemikerin Maria Heckter, und der neunjährige
Sohn Martin ins Haus Heidesheimer Straße 6. Im Herbst
1949 zog auch das Kaiser-Wilhelm-Institut, das inzwischen Max-Planck-Institut für Chemie (MPI für Chemie)
hieß, nach Mainz um. Auf eigenen Wunsch schied Fritz
Straßmann am 1. April 1953 aus. Er widmete sich danach
seiner Lehr- und Forschungsträtigkeit an der Johannes
Gutenberg-Universität Mainz und dem Auf- und Ausbau
des anorganisch-chemischen Instituts.

Fritz Straßmann, mit dessen Namen die Stadt Mainz eine
ihrer Schulen adelte, starb am 22. April 1980 in Mainz.

Lektüre-
Tipp:
Fritz Krafft:
Im Schatten
der Sensati-
on. Leben
und Wirken
von Fritz
Straßmann.
Verlag Che-
mie, Wein-
heim, 1981

**13.2.1793,
Berlin –
18.12.1877,
Mainz**

Seine Unterkunft in Mainz im Hause Domstraße 1 (von alteingesessenen Mainzern wird die enge Gasse, die den Liebfrauenplatz mit der Grebengasse verbindet, „Das kalte Loch" genannt) war eher bescheiden zu nennen, Und doch beherbergte sie mit **Philipp Veit**, dem am 13. Februar 1793 in Berlin geborenen Sohn eines Bankiers, einen der ganz großen Maler seiner Zeit und einen der wichtigsten Vertreter der so genannten Nazarener, die die Kunst im Geiste des Christentums erneuern wollten. Veit hatte ab 1808 an der Kunstakademie Dresden Malerei studiert. 1815 schloss er sich in Rom den deutschen Romantikern des katholisch geprägten „Lukasbundes" an. Er beteiligte sich an den Fresken in der Casa Bartholdy und malte Fresken zu Dantes „Göttlicher Komödie" in der Villa Massimo. Im Jahre 1830 wurde Philipp Veit nach Frankfurt am Main berufen und wurde 37-jährig Direktor des Städelschen Instituts.

Veit blieb sich als Künstler treu, schuf zahlreiche Gemälde für Kirchen, aber auch beispielsweise für den Kaisersaal im Frankfurter Römer (Porträts Karls des Großen, Otto IV. und Friedrich II.). Zwischen 1834 und 1836 entstand sein großes Fresko im Städelschen Institut, auf dem er sich der Einführung des Christentums und der Künste in Deutschland widmete. 1877 wurde das Gemälde, zu dem die Nebenbilder „Italia" und „Germania" gehören, abgenommen und auf Leinwand übertragen. Eine weitere „Germania"

Lektüre-
Tipp:
Magie des
Augenblicks
– Skizzen
und Studien
in Öl, Aus-
stellungskata-
log Museum
Giersch,
Frankfurt am
Main

malte Veit im März 1848 als Nationalallegorie für die Frankfurter Nationalversammlung, während der es in der Paulskirche vor der Orgel auf der Empore hing.

Bereits 1843 war Philipp Veit von seinem Posten als Leiter des Städelschen Instituts zurückgetreten und hatte sein Atelier ins ehemalige Herrenhaus des Deutschen Ordens, das „Deutsche Haus", nach Frankfurt-Sachsenhausen verlegt. Fünf Jahre später wurde das

Im Hause
Domstraße 1
entwarf Veit
einen Gemäl-
dezyklus für
den Mainzer
Dom.

Gebäude als Kaserne benörigt. Philipp Veit zog um in die Villa Metzler (Frankfurt, Schaumainkai 15, heute Museum für angewandte Kunst), in die ihn der im 1. Stock lebende Maler Gerhardt von Reutern eingeladen hatte. Veits Atelier befand sich im Erdgeschoss.

1853 schließlich zog Veit erneut um. Diesmal nach Mainz. Ehrenamtlich wurde er hier Direktor der Gemäldesammlung. In Mainz entwarf Veit einen Gemäldezyklus für den Dom. Ausgeführt wurde er als Fresko von Th. Herrmann, August Lasinsky und Joseph Settegast. Erhalten sind die Szenen aus dem Leben Jesu in den Bögen der Seitenwände des Langhauses des Doms. 1877 wurde Philipp Veit Ehrenbürger der Stadt Mainz, am 18. Dezember desselben Jahres starb er. Sein Grab befindet sich auf dem Mainzer Hauptfriedhof. Im Stadtteil Mainz-Finthen wurde eine Straße nach Philipp Veit benannt.

Zuvor schon
malte er in
Frankfurt die
„Germania".

27.12.1903, Steinheim – 1.7.1988, Mainz

Vor ihm gab es erst zwei Kardinäle im Bistum Mainz und im früheren Erzbistum: Erzbischof Konrad I. von Wittelsbach (um 1130-1200) und Erzbischof Albrecht von Brandenburg (1490-1545). Der am 3. März 1962 vom Mainzer Domkapitel zum Nachfolger von Bischof Albert Stohr als 86. Nachfolger des heiligen Bonifatius gewählte **Bischof Hermann Volk** wurde am 5. März 1973 von Papst Paul VI. zum Kardinal geweiht. Seine Titularkirche war Santi Fabiano e Venanzio a Villa Fiorelli. Hermann Kardinal Volk lebte in der Mainzer Oberstadt im Hause Am Rosengarten 2. Das erlebte am 16. und 17. November 1980 höchsten Besuch, als Papst Johannes Paul II. als Gast des Mainzer Kardinals hier übernachtete und unter anderem mit Finther Spargel verköstigt wurde.

Geboren wurde Hermann Volk am 27. Dezember 1903 in Steinheim am Main (heute ein Stadtteil von Hanau). Er besuchte das Mainzer Priesterseminar, wurde am 2. April 1927 von Bischof Ludwig Maria Hugo zum Priester geweiht und war nach einer Kaplanstelle in Alzey in selber Funktion von 1931 bis 1935 in der Mainzer Altstadt-Pfarrei St. Ignaz. Nach Studienjahren und Promotion als Doktor der Philosophie und der Theologie wurde Hermann Volk schließlich 1946 Professor für Dogmatik an der Westfälischen Wilhelms-Universität in Münster. Deren Rektor war er 1954 und 1955. 1956 erfolgte seine Ernennung zum Päpstlichen Hausprälaten, er wurde in die Planungen für das Zweite Vatikanische Konzil einbezogen und 1960 in das Sekretariat für die Einheit der Christen berufen. Diesem Rat gehörte er bis 1966 an. Nach seiner Bischofsweihe 1962 wurde Hermann Volk Mitglied der Glaubenskommission der Deutschen Bischofskonferenz, der er bis 1982 (1969 bis 1978 als deren Vorsitzender) angehörte. In der Liturgiekommission (bis 1978), der Ökumenekommission (1962 bis 1982) und in der Kommission für Wissenschaft und Kultur

(1968 bis 1976) sowie in der Glaubenskongregation (seit 1968) war Volks Rat ebenso gefragt wie als Teilnehmer des Zweiten Vatikanischen Konzils und als Vorsitzender der Liturgiekommission der Deutschen Bischofskonferenz.

1978, als er seinen 75. Geburtstag feierte, reichte Volk seinen Rücktritt ein – Papst Johannes Paul II. lehnte ab und verlängerte die Amtszeit um zwei Jahre. 1980 bot Volk erneut seinen Rücktritt an – und wiederum lehnte der Papst ab und verlängerte die Amtszeit unbefristet. Hermann Kardinal Volk, der den Mainzern nicht allein im Dom, sondern beispielsweise auch auf seinen Gängen über den Wochenmarkt stets nahe war, nahm seine angegriffene Gesundheit zum Anlass, 1982 erneut seinen Rücktritt anzubieten. Diesmal gab der Papst dem Gesuch statt. Und am 27. Dezember 1982, dem 79. Geburtstag des Kardinals, endete dessen 20-jährige Amtszeit.

Hermann Volk wurde 1964 Ehrenbürger seiner Geburtsstadt Steinheim, am 3. Juni 1975 Ehrenbürger der Stadt Mainz. Am 1. Juli 1988 starb Hermann Kardinal Volk. Er ist im Mainzer Dom beigesetzt. Eine vom Mainzer Bildhauer Karlheinz Osswald geschaffene Bronzeplastik steht auf dem nach Kardinal Volk benannten Platz vor der „Römerpassage".

Volks Wohnhaus Am Rosengarten 2 sah mit Papst Johannes Paul II. den wohl prominentesten Gast.

4.2.1929,
München –
19.9.2009,
München

In der Straße Am Königsborn in Mainz-Finthen erinnert nichts mehr daran, dass im Haus Nummer 8 **Eduard „Ede"** **Zimmermann** den Ganoven das Leben schwer machte. Das Haus des „Erfinders" von Fernsehsendungen wie „Vorsicht Falle … Nepper, Schlepper, Bauernfänger" und „Aktenzeichen XY … ungelöst" steht nicht mehr. Es wurde ersetzt durch einen kubischen Neubau nahezu im Bauhaus-Stil.

Am 4. Februar 1929 wurde Zimmermann in München als Sohn einer 17-jährigen Kellnerin geboren. Eduard Zimmermann wuchs, da seine Mutter oft die Arbeitsstelle wechselte, über weite Strecken bei seinen Großeltern in Bayern auf und zog erst kurz nach Ausbruch des Zweiten Weltkriegs zur Mutter, die inzwischen in Magdeburg einen Hotelier geheiratet hatte.

Nach dem Krieg arbeitete Zimmermann als Zirkusarbeiter und Garderobier des Schauspielers Willy Fritsch, verbüßte später eine Haftstrafe wegen Diebstahls und Schwarzmarkthandels. Mit gefälschten Papieren wurde er Straßenbauingenieur in Schweden, ging 1949 in die sowjetische Besatzungszone, um für eine schwedische Tageszeitung eine Reportage zu schreiben – und wurde wegen Spionage zu 25 Jahren Gefängnis verurteilt. Vier Jahre davon saß er in der JVA Bautzen ab und wurde 1954 amnestiert.

Eduard Zimmermann wurde freier Jounalist für Hamburger Zeitungen, später Redakteur beim Norddeutschen

Eduard Zimmermanns Wohnhaus Am Königsborn 8 steht längst nicht mehr. Viel Zeit verbrachte er in dem von ihm gebauten Haus Domitianstraße 30.

Rundfunk (NDR) und beim ZDF. Beim Mainzer Sender moderierte er zwischen 1964 und 1997 „Vorsicht Falle – Nepper, Schlepper, Bauernfänger", eine Sendung, zu der er inspiriert wurde, weil er selbst zum Opfer von Ganoven geworden war. 1967 startete er die von ihm konzipierte Sendereihe „Aktenzeichen XY … ungelöst" die er bis 1997 auch selbst moderierte und mit einer von ihm gegründeten Firma produzierte.

In der Domitianstraße 39 in Mainz-Finthen, nur einen Steinwurf von dem Haus Am Königsborn entfernt, in dem er nicht nur mit Ehefrau Rosemarie (1928 – 2008) lebte, sondern in dem sich auch die von ihm gegründete „Deutsche Kriminal-Fachredaktion" befand, baute Zimmermann ein größeres Terrassenhaus. Hier zog er mit der Redaktion ein, hier befand sich zunächst auch die Geschäftsstelle der von Zimmermann und weiteren Initiatoren gegründeten und heute in mehreren europäischen Ländern wirkenden Opfer-Hilfsorganisation „Weißer Ring", die er nach Unstimmigkeiten jedoch Ende der 1980er Jahre verließ.

Nach seinem Rückzug aus dem Fernsehen arbeitete Zimmermann, der inzwischen Mainz verlassen hatte, noch eng mit der XY-Redaktion zusammen und betrieb in Zusammenarbeit mit dem ZDF im Internet ein Sicherheitsportal. Zimmermann erhielt die „Goldene Kamera" und einen „Bambi", das Bundesverdienstkreuz am Bande und Erster Klasse sowie den Bayerischen Verdienstorden.

Eduard Zimmermann starb am 19. September 2009 in München. Bestattet ist er auf dem Münchner Nordfriedhof.

4.11.1801,
Mainz –
8.3.1877,
Mainz

Im Kirschgarten, wo heute bei „Dr. Flotte" urige Gastronomie angeboten wird, lebte der wohlhabende Kaufmann Anton Viktor Felix Halein. Ihm wurde am 4. November 1801 von seiner Frau Anna Maria Kunigunde, einer geborenen Makowitzka, eine Tochter geschenkt, die auf die klingenden Vornamen Kathinka Therese Pauline Modesta getauft wurde, nach ihrer Heirat mit dem recht vermögenden Anwalt und Politiker Dr. Franz Heinrich Zitz indes nur noch **Kathinka Zitz-Halein** genannt wurde. Bevor ihre Mutter 1825 starb und der Vater Bankrott machte,

genoss Kathinka die Vorzüge eines begüterten Elternhauses und wurde in Pensionaten in Mainz und Straßburg ausgebildet. Die ersten schriftstellerischen Arbeiten veröffentlichte Kathinka Halein bereits als 16-Jährige.

Nach Arbeitsstellen in Darmstadt als Erzieherin und Kaiserslautern als Leiterin des Höheren Töchter-

Lektüre-
Tipp:
Oliver Bock:
Kathinka
Zitz-Halein,
Leben und
Werk – ´Nur
was das
Herz mich
lehrt, das
hauch´ ich
aus in
Tönen.´ Igel
Verlag, Ham-
burg 2010.

intituts kümmerte sich Kathinka Halein um ihrer kranke jüngere Schwester Julia, die 1833 im Alter von 25 Jahren starb. Zehn Jahre war ein preußischer Offizier mit Kathinka Halein verlobt – aber zu einem Heiratsantrag konnte er sich nicht aufraffen. Kathinka löste die Verlobung. Beim zwei Jahre jüngeren Dr. Franz Zitz sollte es ihr nicht noch einmal so ergehen – sie drohte mit Selbstmord. Und Zitz heiratete sie am 3. Juni 1837. Die Wege des Ehepaares trennten sich 1849, als Zitz, der einer der Führer der Revolution in Mainz und Mitglied der Frankfurter Nationalversammlung war, nach Amerika auswandern musste.

Im Gegensatz zu ihrem „revolutionären" Mann schwärmte Kathinka Zitz nachgerade für die Monarchie. Da darf nicht verwundern, dass sie 1844 den Herausgeber und einzigen Autor der „Narrhalla", Ludwig Kalisch, beim Großherzog in Darmstadt anschwärzte – wegen „Beleidigung gekrönter Häupter". Die Narren-Zeitschrift wurde tatsächlich in der Kampagne 1844 verboten. Zwei Jahre später schickte Kathinka Zitz dem Großherzog eine Sammlung vaterländischer Gedichte. Im Mai 1849 gehörte Kathinka Zitz mit der Mutter von Ludwig Bamberger (s. Eintrag) zu den Gründerinnen des Frauenhilfsvereins „Humania", der verwundete und gefangene Freischarsoldaten unter-

stützte und politisch Verurteilten bei der Flucht half. Unter ihrem Mädchennamen, aber auch unter zahlreichen Pseudonymen veröffentlichte Kathinka Zitz in den folgenden Jahren von Gedichten über Novellen, Erzählungen und Romanen bis zu Zeitungsartikeln so viel, dass in Mainz „Donner und Blitz (Titel eines ihrer Romane) – Kathinka Zitz" als Synonym für besonders flache Trivialliteratur galt.

Laut Adressbuch von 1860 lebte Kathinka Zitz in diesem Jahr im Hause Emmeranstraße 26. Ab 1873 wohnte die am Grauen Star erkrankte Schriftstellerin im St. Vinzenz-Pensionat der Barmherzigen Schwestern in Mainz. Sie starb am 8. März 1877 und fand ihre letzte Ruhe auf dem Hauptfriedhof. Seit 1998 heißt der Weg zwischen Weilergarten und Hollagässchen unweit ihres Geburtshauses Kathinka-Zitz-Weg.

Eine Gaststätte befindet sich heute im Geburtshaus der Kathinka Therese Pauline Modesta Halein, die als Kathinka Zitz-Halein Schriftsteller-Ruhm erlangte.

95

**27.12.1896,
Nacken-
heim –
18.1.1977,
Saas-Fee**

Dass er der am 27. Dezember 1896 geborene große Sohn der Weinbaugemeinde Nackenheim ist, steht außer Frage, aber seine Beziehungen zu Mainz sind vielfältig. Der Ehrenbürger der Mainzer Universität (1976) und der Stadt Mainz (1962), **Carl Zuckmayer**, verbrachte einen großen Teil seiner Jugend in Mainz. Seine Eltern, denen er als zweites Kind geboren wurde (sein Bruder Eduard war sechs Jahre älter, er starb 1972), waren der Fabrikant für Weinflaschenkapseln, Carl Zuckmayer (1864 – 1947), und dessen Frau Amalie Friederike Auguste, geborene Goldschmidt (1869 – 1954). Als Vierjähriger zog Zuckmayer mit seinen Eltern nach Mainz in das Haus Kirchplatz 6. Nach 1916 wurde es umbenannt in Bonifatiusplatz 6. Bei der Bombardierung von Mainz 1942 wurde das Haus zerstört.

Jüdische Traditionen (Zuckmayers Mutter war jüdischer Herkunft) spielten keine Rolle. Carl Zuckmayer wurde katholisch getauft und erzogen. Und er war, wie „alle echte Määnzer Buwe", bei der Kleppergarde. Die Schule besuchte der spätere Schriftsteller von Weltruhm wohl eher weniger enthusiastisch. Wie überliefert ist, hatte er nicht selten Ärger mit seinen Lehrern. Beinahe wäre er als Oberprimaner des heutigen Rabanus-Maurus-Gymnasiums der Schu-

Zu Mainz
hatte der
gebürtige
Nackenhei-
mer eine
ganz beson-
dere, enge
Beziehung –
auch zum
Dom.

le verwiesen worden – ein kränkelnder Lehrer soll seinetwegen fast in Ohnmacht gefallen sein. Seine letzten Schulstunden vor dem Notabitur 1914 verbrachte Zuckmayer im „Karzer" wegen „fortgesetzter Unbotmäßigkeit" und offenem Widerstand gegen die „Lehrgewalt". Was den Rektor veranlasste, Zuckmayers Mutter sein Urteil „Ihr Sohn ist ein Verlorener" mitzuteilen. Der Ausbruch des Ersten Weltkriegs habe ihn, so glaubte Zuckmayer, „zweifellos vorm endgültigen Hinausschmiss" gerettet. Zuckmayer, der sich noch kurz vor der Mobilmachung als Antimilitarist sah, meldete sich am 10. August 1914 als Kriegsfreiwilliger in Gonsenheim (heute Mainz-Gonsenheim) beim Feldartillerie-Regiment Nr. 27 – und sein Rektor teilte der Mutter mit: „Ihr Sohn ist ein Held"…

Lektüre-Tipp: Richard Albrecht (Hrsg.): Facetten der internationalen Carl-Zuckmayer-Forschung – Beiträge zu Leben – Werk – Praxis (Theater- und kulturwissenschaftliche Studien/TKWS 2), 1997.

Die erste Veröffentlichung Zuckmayers überhaupt war sein am 11. August 1914 in der Mainzer Tageszeitung „Neuester Anzeiger" veröffentlichtes Gedicht „Das Große". An der Westfront kamen ihm Zweifel. Wenngleich mit dem Eisernen Kreuz Erster und Zweiter Klasse sowie der hessischen Tapferkeitsmedaille ausgezeichnet, besorgte sich Zuckmayer, Leutnant der Reserve, im Herbst 1918 einen Entlassungsschein vom Militär. Er wurde Mitglied des Arbeiter- und Soldatenrats in Mainz. Dann begann er in Frankfurt ein Jurastudium. In der Mainmetropole engagierte sich Zuckmayer im Revolutionären Studentenrat. Das Jurastudium gab Zuckmayer schnell wieder auf. Von 1919 an studierte er in Heidelberg Literatur- und Kunstgeschichte, später auch Philosophie und Soziologie und Biologie.

1920, inzwischen hatte Zuckmayer bereits Gedichte in expressionistischen Zeitschriften veröffentlicht, heiratete er seine Mainzer Jugendliebe Annemarie Ganz, verbrachte einen Sommer mit ihr in Heidelberg – und ließ sich von ihr ein Jahr später wieder scheiden, weil er eine Affäre mit der Schauspielerin Annemarie „Mirl" Seidel begonnen hatte.

Sein Stück „Kreuzweg" wurde am 10. Dezember 1920 im Staatlichen Schauspielhaus Berlin aufgeführt. Der spätere Theater- und Filmregisseur Ludwig Berger (s. dort), der in seiner Jugendzeit Nachbar Zuckmayers war, hatte sich für ihn eingesetzt. Dieser erste größere Erfolg veranlasste Zuckmayer zum Umzug nach Berlin. 1925 heiratete Zuckmayer Alice von Herdan. Im selben Jahr gelang ihm der literarische Durchbruch mit der Uraufführung der Komödie „Der fröhliche Weinberg", welche im Theater am Schiffbauerdamm erfolgte. 1927 folgte die Uraufführung von „Schinderhannes" und 1931 wurde erstmals seine Komödie „Der Hauptmann von Köpenick" – sein allergrößter Erfolg – vorgeführt.

Mit der Verleihung der Ehrenbürgerwürde 1962 intensivierte sich der Kontakt zwischen dem inzwischen im schweizerischen Saas-Fee lebenden Carl Zuckmayer und der Stadt Mainz. Es entstand ein sehr reger Briefwechsel, Zuckmayer besuchte die Stadt mehrfach. Er starb am 18. Januar 1977 in Saas-Fee. Die in Mainz ansässige Zuckmayer-Gesellschaft hält sein Andenken lebendig.

Bildnachweis

Adlon, Berlin: 10, 13

Schott-Music: 81

Sekuritel München: 93

Gemeinfrei: 12, 21, 22, 34, 40, 44, 45, 53, 54, 68, 69, 74, 76, 85

Stadtarchiv Mainz: 15, 16, 18, 24, 28, 30, 38, 47, 50, 56, 58, 61, 65, 66, 70, 71, 78, 82, 88, 90, 94, 96, 97

Monika Funke: 11, 14, 17, 19, 20, 21, 23, 25, 26, 27, 29, 30, 31, 32, 35, 36, 37, 38, 39, 41, 42, 43, 46, 48, 49, 50, 51, 52, 53, 55, 56, 57, 59, 60, 62, 63, 64, 65, 67, 69, 72, 73, 75, 77, 79, 80, 81, 83, 84, 86, 87, 89, 91, 92, 95

Schott Glas: 78

Stefanie Jung

Die schönsten
Sehenswürdigkeiten
zu Fuß entdecken

Mainz
zu Fuß

aktualisierte
Neuauflage

SOCIETÄTS**VERLAG**

SOCIETÄTS
VERLAG

Stefanie Jung

Mainz zu Fuß
Die schönsten Sehenswürdigkeiten zu Fuß entdecken

In Mainz gibt es viel zu entdecken: Von der romantischen Altstadt über
faszinierende historische Bauwerke bis hin zu einzigartigen Naturräumen
bietet die rheinland-pfälzische Landeshauptstadt zahlreiche Attraktio-
nen. Bei einem Spaziergang können Groß und Klein die schönsten Aus-
flugsziele kennenlernen und sich vom Flair der Gutenbergstadt verzau-
bern lassen.

In zehn Touren ermöglicht „Mainz zu Fuß" die Erkundung der Stadt.
Sie weisen den Weg zum Mainzer Dom, zur Zitadelle und dem Drususstein,
zum Botanischen Garten, zu dem antiken Theatrum Mogontiacum oder
zur Kirche St. Stephan mit den leuchtend blauen Chagall-Fenstern. Weitere Routen führen hinein in Grünanlagen und Naturareale, die zum Verwei-
len einladen – so etwa der Mainzer Stadt- und Volkspark oder der für seine
außergewöhnliche Vegetation in ganz Europa bekannte Mainzer Sand.

Ergänzt werden die Tourenvorschläge durch umfangreiche Informa-
tionen zur Stadtgeschichte und zur Mainzer Lebensart sowie zu Museen,
Übernachtungsmöglichkeiten oder Schiffsfahrten.

160 Seiten, Broschur / ISBN 978-3-7973-1075-0 / 9,90 Euro

„Jede Seite ist
etwas Besonderes"
Allgemeine Zeitung Mainz

ÜBERALL IM BUCHHANDEL

FRÜHSTÜCKEN

IN
MAINZ

Morgenluft & Kaffeeduft

Marcel Fabijanić

SOCIETÄTS VERLAG